# 全球REITs 投资手册

梁凯文 陈玟佑 梁俐菁◎著
Kaiwen Leong Wenyou Tan Elaine Leong
林华 等◎译

如何投资房地产投资信托基金，
拥有全球知名房地产物权，参与资本市场

中信出版集团 · CHINACITICPRESS · 北京

图书在版编目（CIP）数据

全球REITs投资手册 /（新加坡）梁凯文，（新加坡）陈玟佑，（新加坡）梁俐菁著；林华等译．—北京：中信出版社，2016.3（2021.8重印）

书名原文：International REITs：How to Invest Overseas and Build an International Portfolio

ISBN 978-7-5086-5927-5

Ⅰ.①全… Ⅱ.①梁… ②陈… ③梁… ④林… Ⅲ.①房地产投资－信托基金－手册 Ⅳ.①F293.33－62 ②F830.59－62

中国版本图书馆CIP数据核字（2016）第037034号



全球REITs投资手册

著　　者：（新加坡）梁凯文　（新加坡）陈玟佑　（新加坡）梁俐菁

译　　者：林华　等

策划推广：中信出版社（China CITIC Press）

出版发行：中信出版集团股份有限公司

（北京市朝阳区惠新东街甲4号富盛大厦2座　邮编　100029）

（CITIC Publishing Group）

承 印 者：中国电影出版社印刷厂

开　　本：787mm×1092mm　1/16　　印　　张：15.25　　字　　数：220千字

版　　次：2016年3月第1版　　印　　次：2021年8月第5次印刷

京权图字：01－2016－1335

书　　号：ISBN 978-7-5086-5927-5/F·3602

定　　价：49.00元



服务热线：010－84849555　　服务传真：010－84849000

投稿邮箱：author@citicpub.com

# 全球 REITs 投资手册

主 译 林 华

统 稿 彭 超

译 者 罗桂连 霍伟东 卢 荣

徐 盛 魏 玮

**林华**　特许金融分析师、美国注册会计师、注册风险管理师

现任中国资产证券化分析网（CN-abs. com）董事长，中国资产证券化研究院院长，兴业银行独立董事，南开大学与西南财经大学兼职教授，厦门国家会计学院客座教授，财富50人论坛固定收益首席。

在美期间任职于毕马威结构金融部，先后为GE资本、摩根大通银行、世界银行及汇丰银行设计ABS、CLO、MBS、CMBS等信贷资产证券化模型，并负责此类产品的定价和会计处理。归国后曾任中国广东核电集团资本运营部投资总监，厦门市创业投资公司、金圆资本管理（厦门）有限公司总经理，被深圳市政府认定为深圳市领军人才。

著有《金融新格局：资产证券化的突破与创新》、《中国资产证券化操作手册》。

目录
CONTENTS

序一
FORWARD

**中国人民银行原副行长　马德伦**

中国资产证券化研究院林华院长，组织专业团队翻译出版《全球 REITs 投资手册》，向国内读者介绍国际 REITs 的基本概念、投资特点和市场发展情况。该译著的出版对培育国内 RETIs 投资人、发掘 REITs 的投资价值具有重要意义，基于对林华院长团队辛勤工作的赞赏，也基于对 REITs 在中国金融市场发展前景的期许，欣然作序推荐。

REITs 是一种国际上通行的房地产投资工具，通过证券化的方式为中小投资人提供了投资于房地产资产并获取稳定收益的投资机会。从 20 世纪 60 年代美国最早推出，发展至今已经 50 余年。从各国发展经验中有两点值得我们特别借鉴和思考：

从过去几十年的投资表现看，REITs 作为一种收益性证券，长期投资收益较高，风险收益平稳，较适合中小投资人的参与。在长期收益方面，美国 REITs 指数 30 年复合收益率表现超过了纳斯达克、标准普尔等大多数资本市场指数。而在波动性方面，由于受高分红的要求和买卖资产的限制，REITs 呈现出收益型证券的特征，波动相对平缓，投资者收益平稳。

税收政策对促进 REITs 市场的发展有重要意义。以美国市场为例，REITs 的诞生即肇始于 1960 年美国国内税收法规。REITs 从 20 世纪 90 年代开始的大发展亦是得益于 UPREITs 的出现降低了资产所有者投入 REITs 的税收成本，促使大型房地产业主纷纷转型发展 REITs。

REITs 在国内的推动历时已久，无论政策制定者还是地产、金融相关从业者，都看到了 REITs 对于国内金融市场、房地产市场的深远意义。整体看，国内 REITs 主要推动分为两个阶段。

第一个阶段以中国人民银行牵头的政府部门推动为主，从 2007 年到 2010 年，重点是制定法规和配套政策的落实。2007 年，人民银行、证监会与银监会的 REITs 专题研究小组分别成立，各监管部门开始启动中国 REITs 市场建设的推进工作。2009 年 3 月，人民银行会同各相关部委向国务院上报《关于开展房地产投资信托基金试点工作的请示》，中国 REITs 产品的推出和市场建设进入实质推进阶段。同年 4 月，“房地产投资信托基金试点工作小组”正式成立。2010 年 3 月，中国人民银行审议通过银行间 REITs 试点管理办法，随后，选定北京、天津、上海三座城市开展试点。

第二个阶段以市场金融机构推动为主，从 2012 年至今，重点是在即有法律框架下创造性地实践 REITs 产品。2012 年，中信证券将天津廉租房 REITs 项目通过资产支持票据的形态在银行间市场发行，标志着房地产调控后 REITs 试点推动的第一次尝试。2014 年 5 月，内地首单准 REITs 产品“中信启航专项资产管理计划”成功发行，并在深交所综合协议平台挂牌转让，标志着 REITs 产品在即有法律框架下完成了创新实践。此后，鹏华基金发行鹏华前海万科 REITs，为公募发行类 REITs 产品探索出一条可行路径。

除此之外，2005 年越秀 REIT 的发行，2010 年以后汇贤 REIT、开元 REIT、春泉 REIT、北京华联商业 REIT 等在中国香港、新加坡市场发行的以内地资产为基础资产的 REITs 也为国内 REITs 的落地提供了很好的实践样本。

当前，在房地产“去库存”成为主基调的市场环境下，政府和市场有望合力将REITs的探索更进一步。2013年7月，国务院提出“用好增量、盘活存量”的总体信贷政策指导思路，提出资产证券化业务是盘活存量的重要工具。2014年9月，中国人民银行《关于进一步做好住房金融服务工作的通知》，提出积极稳妥开展房地产信托基金试点工作。

如何进一步推动REITs的健康发展，是政府部门、业者和投资人正在冷静思考的问题。从当前看，要解决的是REITs发展的制约因素：

第一，REITs诞生的基础资产市场是逐步成熟的。我国房地产市场发展的初期阶段以住宅商品房为主，商业、办公、酒店等经营性物业规模有限，且由于供给缺乏，这类物业一直处于快速升值阶段，从物业持有方角度进行证券化的动力不足。伴随着快速的城市化进程，直至近几年才形成规模可观、具有广泛投资价值的存量持有型物业市场。

第二，REITs发展尚缺乏完善的配套法律支持。REITs运作方式与证券投资基金有很大差异，在适用《证券投资基金法》上还有诸多障碍需要突破。从REITs在其他国家发展的经验看，REITs市场都是在制定了完备的专项法律的条件下发展起来的。

第三个重要方面，是房地产相关的税收政策不利于房地产的证券化过程，制约REITs市场的大规模发展。我国房地产税收涉及交易环节和持有环节两类税收。交易环节的税收过重导致证券化的不经济，尤其土地增值税这一特殊税种，由于其设置出发点就是为防止土地倒卖获取暴利，适用的是超额累进税率，因此导致持有时间越长、增值比例越大、证券化空间越大的资产发行REITs的成本反而越高。持有环节的房产税、营业税等多重税收累加导致实际税率过高，直接拉低了物业估值，进一步压缩了证券化的空间。

此外，需求端的投资人因素往往是被忽略的另一个重要因素。

随着经济发展国民财富迅速积累，居民的投资需求快速增长，但在当前的金融市场结构下，居民财富理念缺乏对产品的真正风险和投资价值的判断。

同样，机构投资人也形成了高固定收益、短投资期限的投资偏好。真正具有投资价值的权益类产品往往被市场忽视。

无论政策制定者、从业人员还是未来的投资人，都应在热衷 REITs 概念之时沉下心来去发掘 REITs 的投资价值。从投资价值出发推动 REITs 发展，为广大投资人提供一种稳定收益的大类证券品种，不失为当前金融市场、房地产市场中一项重要的供给侧改革尝试。

马德伦

## 中国基金业协会党委书记、 会长 洪磊

REITs（Real Estate Investment Trusts）是资本市场与房地产市场有效融合的产物，它是通过发行收益凭证汇集众多投资者的资金，由专门机构经营管理，投资于能产生稳定现金流的不动产，在有效降低风险的同时将出租不动产所产生的收入以派息的方式分配给投资人，为投资人提供长期稳定的投资收益。

REITs通过吸引大众资金流入房地产行业，改变地产业主要依靠银行贷款和债市融资的现状，有利于去库存、去杠杆、降成本，有助于化解房地产金融风险，推动房地产供给侧结构性改革。将 REITs 引入医疗、公租房等公共领域，为政府降杠杆提供新路径，政府将更多资源投入养老等公共事业，承担更多公共职能，推动社会整体的" 轻资产化"，促进经济、社会的和谐发展。从财富管理体系看，基础资产、投资组合工具、大类资产配置呈金字塔架构。REITs 作为一种长期、低波动性的投资工具，丰富了财富管理体系的投资标的，为养老金等机构

投资者、公募基金、个人投资者提供了新的可能。由于房地产与股票、债券关联度较低，REITs 作为基础资产，对于跨周期资产配置、分散风险也具有重要意义。

美国是全球最早发展 REITs 的国家。1960 年，美国《国内税收法案》与《房地产投资信托法案》明确了 REITs 的法律架构与税收优惠，REITs 在税法的改革下逐步发展。目前，已经有超过 30 多个国家引入 REITs 制度并形成交易市场，市场总规模达到 1 万亿以上。亚太市场的 REITs 发展较晚，但近十几年来发展迅速，日本、新加坡等国家的 REITs 市场规模更是跻身全球前列。在房地产金融最发达的美国，REITs 板块的总市值一度超过房地产企业股票的总市值。

我国 REITs 的发展相对迟缓，2008 年 12 月 3 日，国务院办公厅发布的《关于当前金融促进经济发展的若干意见》中明确提出" 开展房地产投资信托基金试点，拓宽房地产企业融资渠道"，这是我国首次明确提出可以开展房地产投资信托基金这种新的金融形式。实践中，国内金融机构对于 REITs 也在不断探索。2014 年 5 月，中信证券发行中信启航专项计划，以资产支持证券为载体的私募类 REITs 产品开始出现；2015 年 6 月，鹏华基金发行鹏华前海万科 REIT，成为我国首只公募发行的类 REITs 产品；另外，还有大量以持有型物业为投资标的的地产私募基金成功发行备案，具备类 REITs 的属性。2016 年年初，证监会全国证券期货监管工作会议报告中明确提出" 研究推出房地产投资信托基金"，可以预见，我国 REITs 即将迎来蓬勃发展的春天，但在现有制度框架下，REITs 的推广还面临着一些法律、税收等方面的问题和障碍。

一是需明确法律框架。从美国看，REITs 的形式可以是公司、信托或组织，并以公司型为主。在我国，采取何种法律框架设立 REITs 仍值得探讨。成立公司型或契约型（如资产支持专项计划、公募基金等）REITs，在证券法或基金法框架下设立 REITs，各有利弊。如以公募基金作为载体，则应明确" 证券" 定义及基金投资范围，对分散投资、运作方式的要求也要从法规层面进行调整，如以证券公司及基金管理公司子公司资产支持专项计划为载体，目前只能以私募方式募集资金，且不能面向大众公开交易，这些都是需要进一步探讨的问题。

二是需进一步优化税收环境。在美国，REITs 是典型的税收优惠驱动型产品，对于 REITs 的税收优惠有明确规定。在我国，房地产业税负较高，仅在经营一环，税收约占租金收入的 30%，同时，若以公募基金形式设立 REITs，由于投资范围的扩大，其税收问题也需明确。税收与 REITs 的投资收益、产品吸引力息息相关，创造良好的税收环境，是 REITs 发展的有力基础。

他山之石，可以攻玉。在我国 REITs 即将进入全新发展阶段之时，中国资产证券化研究院林华院长组织翻译本书，阐释了 REITs 的基本理念，并对中国香港、美国、马来西亚等国家和地区 REITs 的基本制度及实践案例进行了详细介绍，有助于国内的投资人及时了解 REITs 的投资属性和全球发展情况，对于我国 REITs 的制度设计与实践发展具有重要的参考价值和借鉴意义。

是以为序。

# 正确学习 REITs

我们知道你为什么读这本书，你挑中此书并为之埋单不是出于慈善，也不是因为一时糊涂，而是为了有机会赚更多的钱。

你也许在尝试寻找让你的银行账户中多出几百块钱的办法，也许正绝望地尝试从每天的午饭钱中省下几美元。请记住，如果你一直用这种方式思考的话，是不会变得富有的。要赚更多的钱，需要开阔思路，不单是要省钱，还要考虑投资。

因此，让我们抛开现金来聊聊持有物业——这里的资产不是指市郊的小公寓，而是五星级酒店、高档购物中心，还有优质办公楼——这才是真正能够赚钱的地方。

你可能马上就准备合上书走开了。如果你还没有属于自己的蜗居，你怎么可能拥有坐落于中央商业区的摩天大楼的一部分？又怎么能从经常去但又不买东西的高档购物中心获得利润？我们就是要告诉你这是可能的，你可以参与到这些优质资产的成长中。如果你现在走开了，你不仅未能摆脱贫困，还失去了开始投资的机会。如果你准备好了开始学习赚钱，那么 REITs 是很好的选择。

REITs 是房地产投资信托基金的简称，是 Real Estate Investment Trusts 每个单词的首字母组成的缩写。这里的 REITs 是泛指，而不是指某一个 REIT。那么 REITs 到底是什么，它是如何让你受益的呢？

比方说你认识一个 REIT 的管理人，让我们称他为罗伯特（Robert）经理。他来找你，说："你好！我管理着大概五个零售商场、两座办公楼和三家酒店。你有兴趣投资吗？"

五个商场、两座办公楼和三家酒店！你快要惊讶得晕过去了。这就像用镶钻的盘子盛满金条放在你的面前。但是你投资得起吗？你的银行账户达到标准了吗？最终，你鼓起勇气问道："呃，也许吧。投资的最低额度是多少？"

你想知道这个数字是多么夸张，估计是你掏不出来的六位数字？

"这取决于你。"罗伯特说，他耸耸肩，"最少可以几百或几千美元，也可以投资几百万美元。"

只需要几千美元就可以拥有五个商场、两座办公楼和三家酒店的一部分？听起来不可思议。你以为自己在做梦，赶紧把自己拉回现实。这里肯定有陷阱。"那么，"你用最严肃的语气说，"我需要承担很高的税负吗？或是其他什么？"

"当然不。你获得的分红是不需要缴税的。"

"你是说我肯定会获得分红？"

"就像新加坡的 REITs，法律要求我们要将 90%①的利润分配给份额持有人。"

"那意味着我的资金会被锁定？我不能取回？"

"REITs 是流动性很好的投资工具，"罗伯特说，"如果你想的话，可以随时在二级市场出售它。"

---

① 这一比例在不同的国家有差异。

“啊哈！如果市场崩溃了呢？如果发生危机了呢？我也许会失去我所有的钱!”你惊叫道，以为找到了一处陷阱。

“没有一种投资可以 100% 地不受金融危机的影响。如果房地产市场崩盘了，当然，我们支付分红的能力就会减弱。但总的来说，REITs 显示出它们能很好地从危机中生存下来。”

“真的吗?”你怀疑道，“证据是什么?”

“在 2008 年的金融危机中，没有一只新加坡的 REIT 停止分红。我们也采取方法避免租金违约、高空置率和租金提前解约。”

“嗯。”你拼命地想着还有哪些缺陷，但是已经想不出什么来了。

“这怎么可能呢?”你弱弱地问道。

罗伯特笑了，“我得花几个星期向你解释这个问题。但是我们的工作方式是——我们有一组标的资产，也就是物业。”

“那五个零售商场、两座办公楼和三家酒店?”

“对。我们将这些资产出租给租户，你也可以认为我们是房东和资产管理人。我们获得租金收入，然后将 90% 以分红的方式分配给份额持有人。”

“份额持有人就是类似我这样的人?”你问。

“当然。我们通过首次公开发行募集资金。这意味着任何人都可以认购股份。这些募集的资金就被放到 REIT 中。”

“所以我也是房东了?”

“间接的房东，”罗伯特说，“但确实是房东，你可以这么说。”

五个零售商场、两座办公楼和三家酒店的间接房东？谁不愿意呢？你已经渴望投资，准备掏出支票夹签署支票了。

但仔细想想，你内心知道你对要做的事情其实还一无所知。你不知道 REITs 是如何运作的，不知道有多少种 REITs，甚至不知道如何开始思考投资哪个 REIT 的问题。

深呼吸，冷静下来。如果你不知道怎么开始，那就继续翻到下一页。初级投资者投资于 REITs 想要寻找的全部答案就在这本书中。有了认真学习的决心，这些 REITs 就将开始为你服务了。

不同于大多数书籍，我们尽量做到简单易读，尽可能地不使用复杂的专业术语。所有必要的行业术语都有简单的定义和详细的说明。不同于其他书籍，这本书不单介绍一个国家的 REITs，而是提供国际背景下关于 REITs 的系统知识，诸如美国、中国、新加坡和马来西亚。读到最后，你会对所有这些都有所了解。

最重要的是，这里包含独有的真实生活中的案例。在投资的世界里，有成功者和失败者。我们不愿仅让你看到闪耀的成功者。这些人也许值得学习，但你还没有达到。整天读李嘉诚和沃伦·巴菲特的故事不会让你一夜之间成为他们。所以把眼光放下来，先学会了解自己，想要成功，你需要知道自己的缺点。从别人的错误中学习是有帮助的，因为你不想在市场上赔钱。看那些把钱投资于错误 REITs 并丢掉积蓄的人，他们哪里做错了？你该如何避免犯下他们犯过的错误？

如果你想正确地学习如何投资 REITs，那就深入学习下去，继续阅读本书。

INTERNATIONAL

REITs

第一章

# 了解你的投资

孙子曾曰“知彼知己”，公司也曾告诉每一位员工要“了解你的客户”。同样，对于 REITs 投资，你也需要“了解你的投资”。

你是否仅仅是因为股票名称听上去不错或者交易价格中有“8”这样的数字，就曾盲目投资一只股票？如果要成倍地获取投资回报，你就要成倍地扩充自己的知识。这是赚钱的唯一方式。

## 什么是 REITs?

你也许认为自己知道 REITs 是什么，但我要告诉你——事实未必如此。以下是大多数人对 REITs 的一些误解：

> 误解一：REITs 是房地产交易者。它们买入资产，然后在合适的时机抛售从而赚取利润。

REITs 是会持有物业，但并不会很快出售以赚取短期利润。REITs 有两种主要类型：较为常见的一种称为“股权型 REITs”，这种类型的 REITs 持有并管理物业，类似于大型房东，它们的主要收入现金流来自租金，而非买卖物业；第二种类型的 REITs 称为“抵押型 REITs”，它们持有物业不是为了出售，而是将物业作为后续投资物业贷款或抵押贷款支持证券的抵押物。这类REITs 的主要收入来源于抵押贷款所产生的利息。

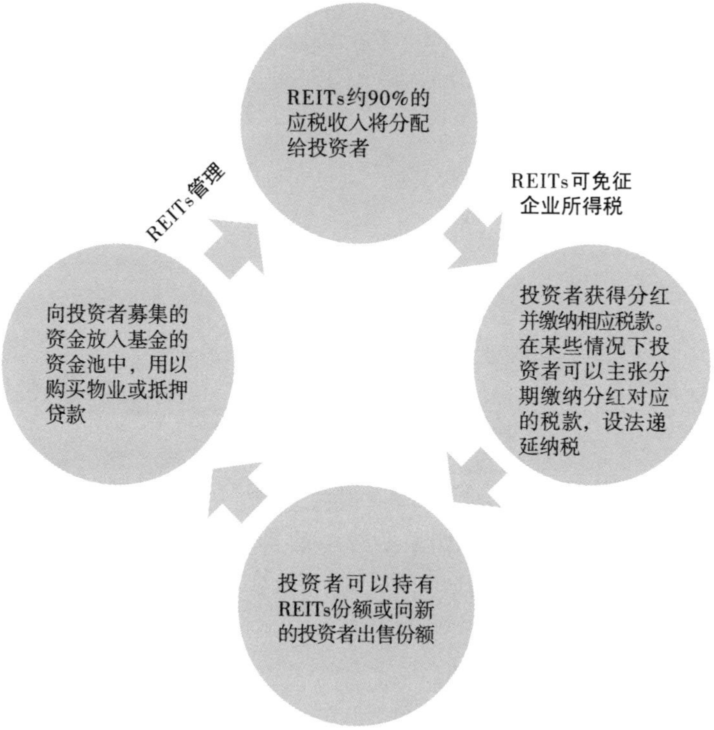


误解二：REITs 是物业开发商。

某些物业开发商可以发起设立 REITs，但这并不意味着 REITs 是物业开发商。是否感到有些疑惑？那是因为首先你需要明白发起 REITs 是什么含义。物业开发商的主要经营模式是建造物业，并在此后出售以赚取利润。正如你所想的，物业开发的经营需要很多资本，开发商借入大量资金为自身经营进行筹款。通过将物业迅速出售，开发商即可偿还借款或对新物业进行再投资。

为实现上述目的，将特定物业转让给 REITs，对开发商来说可以实现双赢——它们可以出让部分物业；同时，作为发起人保留物业的部分股权，以免税分红的形式获取部分租金收入（否则租金收入将需要纳税）。除此之外，开发商还可以对物业收取管理费用。

总结来看，有两种类型的 REITs：

- **股权型 REITs** 持有并管理物业组合。租金收入将转化为分红支付给份额持有人。
- **抵押型 REITs** 将物业作为抵押设立基金，该基金投资于抵押贷款或抵押贷款支持证券。抵押贷款所产生的利息将是 REITs 的主要收入来源。

你也许听说过第三种类型的 REITs——**混合型 REITs**。这种 REITs 是股权型 REITs 和抵押型 REITs 的组合，因此主要收入同时来源于租金和抵押贷款的利息。

## 为什么选择 REITs?

为什么选择 REITs 而非其他投资标的？以下是几点充分的理由：

- **现金流稳定**。正如定期存款所产生的稳定收益，你同样可以预期 REITs 的稳定分红，因为法定要求 REITs 必须将至少 90% 的利润分配给份额持有人（该分配的百分比在不同的国家有不同的要求）。如果不愿将你的资本长期闲置——你可以定期收到一些分红。
- **成长潜力**。REITs 有真正的“升值空间”（upside），投资银行家用这一词汇来描述“成长性”。这意味着你有机会获得相比定期存款 3% ~ 4% 的回报率更高的投资收益。
- **灵活性**。投资于 REITs 具有很好的流动性，可以很容易转化成现金。因为 REITs 在股票交易所进行交易，其份额可以相对容易地买入或卖出。因此，如果你想收回投资，随时可以。

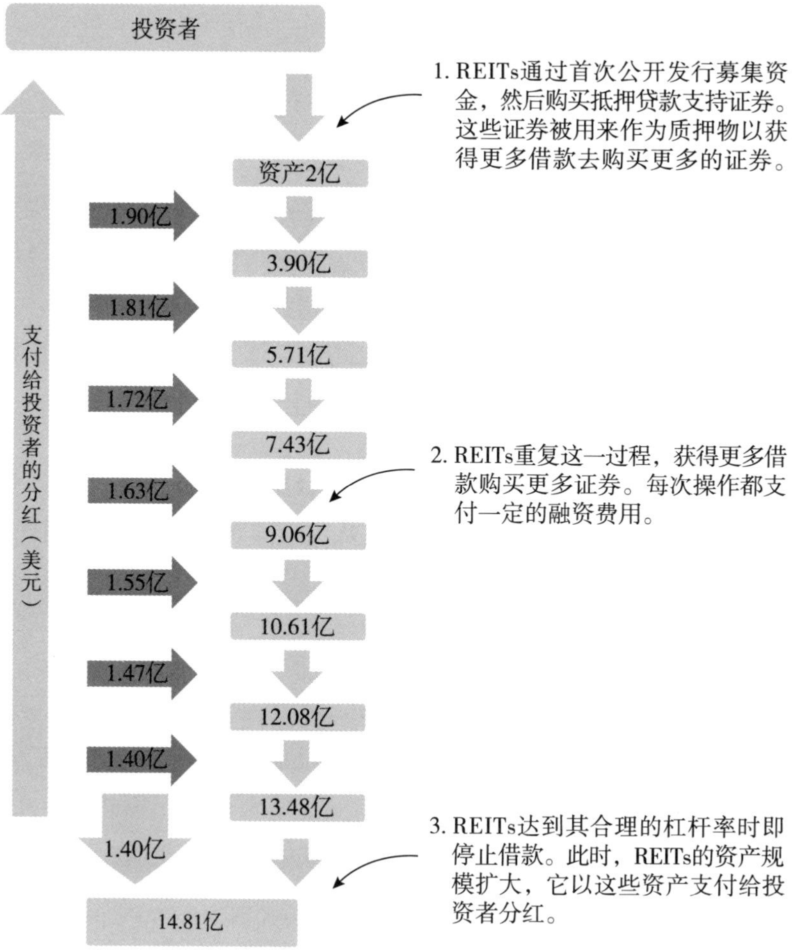


- **风险分散**。这并不意味着你要承担不同种类的风险，而是将你的风险分散到更广的范围。虽然你可能没有意识到，但你每天都在做这件事情。当你在考大学或找工作时，你或许知道梦想的结果是什么样的，但是你也知道有可能并不会获得最理想的结果，因此你会报考好几所大学或投出几十份简历。这就是分散风险。REITs 通过投资于不同地区的不同种类的物业，以分散风险。相比于将所有的积蓄投资于一间公寓并期待涨价，投资于分散在不同物业的 REITs 则更加合理。

- **投资回报表现**。如果你认为 REITs 是“无聊”的公司，请再三考虑。在截至 2013 年 3 月的过去 30 年中，公开交易的股权型 REITs 实际上比最重要的股票市场指数表现更好——这些股票市场指数包括标准普尔 500 指数、道琼斯工业指数和纳斯达克综合指数。将房地产放在投资首位的原因之一在于，当管理良好时，房地产是能够产生稳定回报的实实在在的资产。

当然，与其他投资一样，投资于 REITs 也有一定的风险和劣势。这里列举一些当你考虑投资于 REITs 时需要注意的关键要素：

1. **经济不景气**。当经济萧条来袭时，REITs 是否还能继续表现正常？如果你简单地回答是或否，你未来很可能会面临损失。经济不景气时对不同投资的影响取决于投资的种类。你需要了解 REITs 的运营模式，做好尽职调查，扎实地取得对这一问题的全面解答。
2. **利率波动**。你对未来利率的看法如何？当利率上升时，你所投资的 REITs 是否能保持稳定？当利率升高，REITs 将花费更高的成本从银行借款以收购不动产。这将影响到 REITs 的升值速度。同时，在利率升高的经济环境下，投资者倾向于以现金存款或投资债券的形式将钱存在银行。因此，他们将减少持有当前的投资组合，包括具有股权性质的 REITs。当投资者减少持有 REITs 时，REITs 的价格必然会下降。了解市场利率与 REITs 的表现之间的关系，对投资的成功非常有帮助。

## REITs 如何运作?

知道了 REITs 的好处和风险，那么 REITs 是如何运作的呢？这里列举另外一些误解。

误解三：REITs 仅投资于住宅、办公和零售物业。

多数人熟悉住宅、办公和零售物业，但这并不意味着REITs仅能投资于这些类型的资产，你可以放宽思路。除了通常的住宅及零售物业，也有非常规物业，如油棕行业——马来西亚的莫实得伊斯兰教产业信托（Al-Hadharah Boustead REIT）持有油棕庄园和加工厂。下面的饼图展示了REITs持有物业的类型：

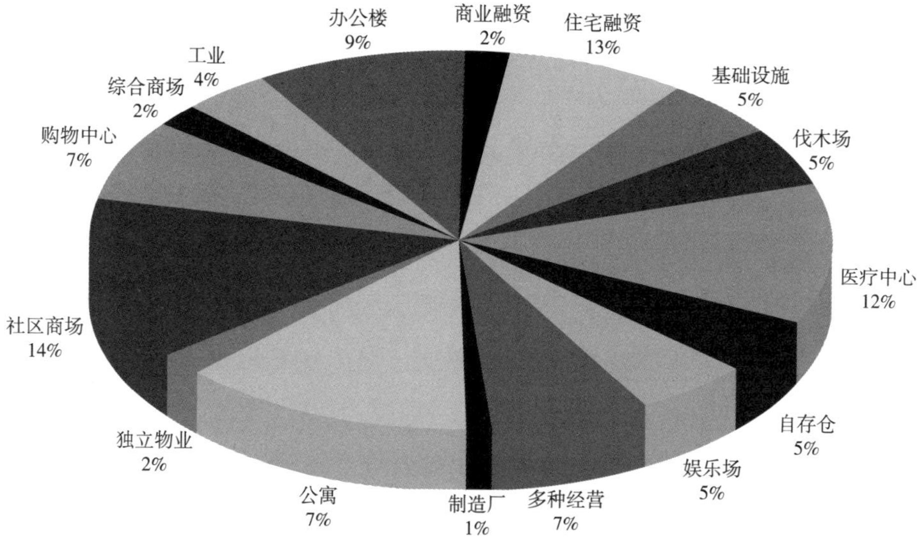


管理所有这些种类的物业并保证其产生良好的现金流并非易事。如果你认为清晨早起是一件困难的事，放大这种感觉，你就可以稍微感受到管理好数十亿美元的资产是多么困难。这导致了下一个误解。

误解四：REITs是由一些内部经理人管理的。

这是不准确的。你考虑过REITs是如何被管理的吗？有两种管理方式——内部管理和外部管理。内部管理是指REITs管理人自己管理资产组合。示例如下页图。

下页图假设REITs即内部管理——REITs的受托人及管理人控制其资产。受托人代表REITs份额持有人的利益。在这种情况下管理人与份额持有人的利益是一致的。

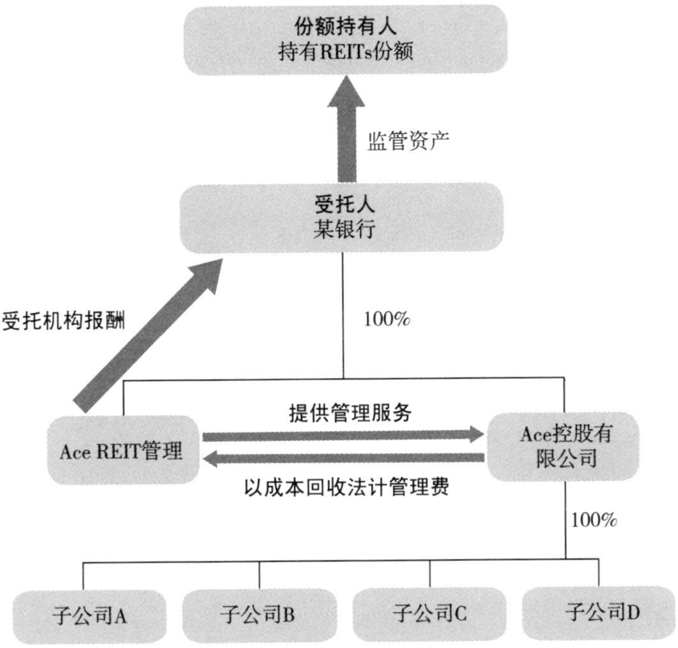


外部管理引入外部管理人，其能够获得管理资产组合的基本费用和奖励费用。简单的比喻就是雇用其他人来粉刷你公寓的墙壁，如果他干得好还能够获得额外的奖励。示例如下页图。

如果你想知道内部管理与外部管理哪种更好，将引出下一个误解。

> 误解五：内部管理的 REITs 更好或外部管理的 REITs 更好。

为了盈利，你需要分析你知道的所有东西。REITs 的好坏不取决于是内部管理的还是外部管理的，而是取决于 REITs 管理本身。

举例来说，我们都知道沃伦·巴菲特是伟大的投资者，他是内部管理人还是外部管理人，重要吗？不，因为他十分优秀，不管在哪里都能够赚钱。

这一理论同样适用于 REITs。你应该学习如何管理 REITs 以及去跟踪 REITs 的表现。如果管理人管理良好，REITs 就会表现优异。当然，对于激励措施是否会引起利益冲突仍存在争议，但有一件事是可以确定的——管理人的

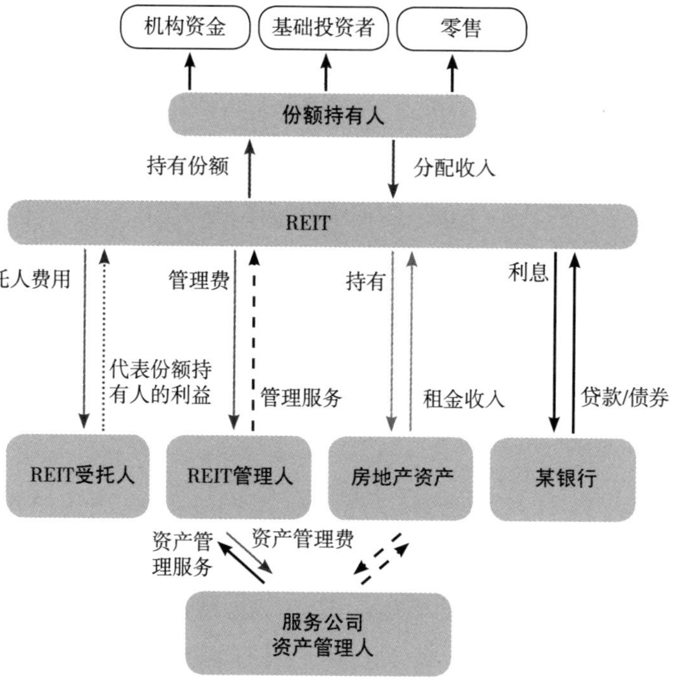


能力是非常重要的。如果管理人的能力没有达到相应的水平，无论内部管理还是外部管理，都无济于事，投资的表现都将是不好的。

在这一章里，我们解释了一些多数投资者可能出现的常见误解，并强调了了解 REITs 的重要性。这是非常关键的。在投资 REITs 之前，你需要了解这类投资的各个方面。这与我们日常生活中的经历类似。当你去餐厅时，你会首先要一份菜单。在点餐之前，你会通览菜单，也许还会向服务生确认某些菜肴。你可能想要知道这份菜是如何准备的，是否包含蔬菜以及使用的是哪种肉。类似地，当你准备投资 REITs，你首先需要知道你将投资于哪种 REITs。我们将在下一章讨论这一内容。

第二章

# REITs的分类

除了住宅与办公类物业，现在是时候去开阔眼界，发挥更多的想象了。正如前面提到的，REITs 除了住宅和商业物业，还包含其他种类的物业，比如医院、仓库，甚至油棕庄园。简单来说，我们将不同类型的 REITs 分为五个种类：

- 办公类。
- 住宅类。
- 零售类。
- 工业类。
- 医疗类。

就像医生需要先了解病患的症状，然后去分析导致每一种症状的潜在病因，才有机会治好疾病。你同样需要花些时间去了解 REITs 的分类，以及每种类型的 REITs 所持有的物业。急于诊断可能会导致医生开出错误的药方，投资 REITs 也是同样的道理。

## 办公类 REITs

办公类 REITs 通常在资产组合中持有并运营着办公楼。这是最典型的

REITs之一，在美国REITs市场占17%的比例。它们依靠下列方式赚取利润：

1. REITs为租户提供可使用的空间。
2. 感兴趣的租户与REITs签订租赁合同，REITs取得租金收入。
3. 与此同时，REITs负责物业设施的日常维护与运营，因此收取租金的一定比例作为管理费用。

这里有两种可能的运营收入来源——租金费用和管理费用。

办公类REITs还可以进一步划分级别。在美国，物业可分为A级、B级和C级物业。在其他国家，如马来西亚，用“档”一词来代替“级”。这关系到专业术语，但更重要的是，不要以分析报告中的词义来理解它，分析员称一座物业是A档并不意味着该物业拥有最好的质量。对于真正的A档物业需要具备什么样的条件仍有很多争议，因此，一些新名词如“新A档”、“旧A档”也随之出现。①

然而，你最好了解物业是如何进行分级的——这通常基于若干种因素——彻底弄明白之后，最终做出自己的决定。请考虑如下3个重要因素：

## 1. 地理位置

对物业来说，最重要的就是地理位置。如果有足够的资金，就可以改善物业的各方面，安装大理石柱、黄金饰件等，但是你不可能挪动物业，把它安放在更好的地方。

对办公类REITs，地理位置尤为重要，因为这决定了进驻物业的租户的类型。如果你准备投资的目标REITs持有中心商业区的物业，这当然能吸引跨国公司来租用一流的办公空间。这样的公司在经济下行时期也具有更强的抗波动性。

但这并不意味着你只能去考虑中心商业区的办公类REITs。距离主要客户较

① www.thestar.com.my/Business/Business-News/2014/03/22/Mixed-views-on-office-space-glut-Occupancy-rate-fell-to-7080-after-Petronas-Twin-Towers-was-built/

近的其他办公类 REITs 同样具有优势。如果你研究一下马来西亚吉隆坡石油双塔的租户结构就会发现，相当一部分比例的租户是与油气行业相关的。石油双塔附近的办公楼如 Integra Tower 与其他物业一样，是服务于油气行业公司的。①

不利的一面是，这些优势地区的运营费用通常也较高，这会降低你的利润。这就需要尽职调查了，你需要确认管理人能够按照其承诺执行管理，并高效地运营。

## 2. 配套设施便利性

如果你投资的目标 REITs 距离交通枢纽较近，如地铁站、主要公路或运输港等，这将是一种优势，邻近购物中心、体育馆、公园等休闲娱乐设施同样会有帮助。

什么原因呢？设想你是一家想要聘用顶级人才的公司，假如你的公司坐落在偏僻的地方，最优秀的人才为什么要选择为你工作呢？到公司上班将令他们头疼，找到好的用餐场所也成为一件难事。

## 3. 物业内部装潢

物业内部的装潢不单单是为了设计者，不是每个人都能忍受灰色的墙壁和漏水的厕所。好的公司愿意为其客户留下好的印象。如果电梯出现故障、保安在前台打盹，客户与公司签订数百万美元的合同就会缺乏安全感。所以要考察内部装潢是否与其定位相符：如果是将目标定位于高端公司的物业，是否能够通过其内部装潢反映出来？相反，如果物业是为了吸引创业公司或中小企业，它们是否在过度铺张的装饰上浪费了太多的钱？

尽管办公类 REITs 是最常见的 REITs 类型之一，这并不意味着它们是极其稳定的。与其他证券一样，它们受市场波动的影响。下面将介绍你该如何去了解它们的抗波动性：

---

① www. theedgemalaysia. com/property/234003-integra-tower-targets-fi nancial-oil-and-gas-tenants. html

- **警惕经济周期**。办公类 REITs 依赖于承租的公司，这些公司是有可能破产的。全球性金融危机会对公司造成致命的冲击。不管租户的租赁合同规模有多大，也不能规避租金违约的风险。所以了解租户的情况以及这些公司承受财务压力的能力十分重要。
- **应对负面冲击**。办公类 REITs 的负面报告或新闻会由于投资者的自然反应导致股价跳水。REITs 的这种波动性对胆小的投资者并不适合。因此，如果你不能承受这样的困境，这种类型的 REITs 可能并不适合你。
- **恢复期漫长**。办公楼从金融危机中恢复需要较长的时间。在亚洲金融危机之前，吉隆坡石油双塔尚未建成，吉隆坡办公楼的入住率在 90%以上。现在，近 20 年过去了，办公楼市场仍未回到 90% 的水平，说明还没有从那次衰退中完全恢复过来。① 你该如何避免 REITs 受到长期空置的影响？再次强调，这取决于标的资产——如果物业的交通便利、维护良好并位于较好的地段，就能够最先从租户紧缺中恢复过来。举例来说，KLCC REIT 中的所有资产，包括石油双塔、石油第三大厦（Menara 3 Petronas）、埃克森美孚大厦（Menara ExxonMobil），全部物业都签订了 15 年期的租约，并且每 3 年租金涨幅为 3% 。②

**REITs实战**

你也许在想为什么投资者要设立办公类 REITs 或租用办公场所。为什么不去买下一整座楼并拥有它？毕竟，人们在寻找住宅时就是这样做的，他们买下房子并住在里面。

---

① www. thestar. com. my/Business/Business-News/2014/03/22/Mixed-views-on-offi ce-space-glut-Occupancy-rate-fell-to-7080-after-Petronas-Twin-Towers-was-built/

② www. theedgemalaysia. com/property/253360-offi ce-rents-occupancy-rates-expected-to-hold-fi rm. html

这个想法是错误的。设立 REITs 对一家公司来说有诸多好处。比如，2014 年 1 月，马来西亚资源有限公司（Malaysian Resources Corp Berhad，简称 MRCB）宣布其将很快执行一个 REITs 项目，项目包含其拥有的能够产生优质收入的资产，如雅诗阁服务公寓（Ascott Residences）和壳塔（Shell Tower）。为什么将这些优质资产注入 REITs 呢？

这样做能够帮助它们将资产变现。MRCB 净杠杆率①为 1.7 倍，其利息费用很高——约占收入的 20%（1.26 亿林吉特）。现金账户也从 2012 年 12 月 31 日的 6.44 亿林吉特降至 2013 年 9 月 30 日的 4.738 亿林吉特。显然，市场注意到了其负债沉重的资产负债表。2014 年 1 月，其股票交易价格的市净率②为 1.4 倍，相比其重估净资产（RNAV）③ 低了 45%。将资产注入 REITs 能够置换债务并减轻 MRCB 资产负债表压力，也能够通过发行 30 亿林吉特的 REITs 吸引更多的海外投资者。随着公告发布，MRCB 的股价上涨了 1.93%，多数研究机构提升了其股票评级——市场认可了。

所以，下次你再认为设立 REITs 貌似没有什么亮点时，请考虑再三。

## 物业之外的因素

行业专家不仅仅依靠物业本身去评估哪个将会兴旺，哪个将会衰落。这是不够的，而且很可能导致损失。你需要考虑物业以外的因素去做出更加明智的决定。

你需要分析宏观经济，同样还要考虑国别因素。宏观因素之一就是政府

---

① 杠杆率用来衡量 REITs 所承担的负债与 REITs 所有股权的比例。因此，如果杠杆率很高的话，大体意味着 REITs 相对于投资人持有的股权承担了大量负债。

② 市净率是用每股价格除以每股账面价值。如果一家公司拥有较高的市净率，预示着这家公司被高估了。

③ 每股净资产值的概念与每股账面价值类似，它是从总资产中扣除负债，再除以流通股总数计算得到。

的支持度，这对于几乎每一个国家来说都很重要，在政府当局管控较多的国家更为突出。永远不要低估政府的力量。

在中国，有些当地政府控制土地出让，也通过安排土地出让决定地产开发商所获得的土地供给。在马来西亚，政府决定在赛柏再也市（Cyberjaya，简称“赛城”）建立信息科技与媒体中心，导致该地的活跃度爆发。大马第一信托（AmFIRST REIT）此后借助该地区成长的优势，以1.33亿林吉特现金购买了两处办公楼——Prima 9 和 Prima10。① 今天，Prima 9 和 Prima 10 的入驻率分别达到了较好的80.4%和100%，高出雪兰莪州（Klang Valley）的平均值79.2%。② 是不是很了不起？我们曾提到地理位置很重要，但是赛城坐落于距离市中心开车1小时的地方，这样的地段很难说是“具有优势”的。因此，它的成功归结于政府的支持。由于决定在此处设立中心，马来西亚政府同时决定将政府办公中心移至布特拉加亚（Putrajaya，简称“布城”）。因此，如果没有政府的这一系列决定，这些机遇将不会出现。

你还需要考虑一些其他的宏观因素，比如远程办公（telecommuting）或共享办公（hot-desking）。科技的发展使在家办公成为可能，这吸引了很多人，特别是带着小孩的妈妈。你要考虑：在我要投资的国家中这一趋势是否很强？这是否会对办公空间的需求带来非常大的负面影响？

如下是你在评估每一只REITs的资产时整理思路的一个简单框架：

| 供给 | 需求 |
|---|---|
| 列举办公区域现有的优势<br>列举影响供给的因素 | 列举现有需求（入驻率是一个很好的指标）<br>列举影响需求的因素 |

① www.propertyguru.com.my/property-news/2011/12/1841/amfi rst-reit-marks-fi rst-investment-in-cyberjaya

② www.ambankgroup.com/sites/amfi rstreit/en/InvestmentPortfolio/Pages/Prima9.aspx and www.thestar.com.my/Business/Business-News/2014/03/22/Mixed-views-on-offi ce-space-glut-Occupancy-rate-fell-to-7080-after-Petronas-Twin-Towers-was-built/

## 住宅类 REITs

与办公类 REITs 类似，住宅类 REITs 通过以下几种方式获取收入：

1. REITs 为租户提供可居住空间。
2. 感兴趣的租户与 REITs 签署租赁合同，REITs 获得租金收入。
3. 与此同时，REITs 负责物业的日常维护与运营，因此收取租金的一定比例作为管理费用。

与办公类 REITs 不同的是，住宅类 REITs 可能面临另外一种困难。通常，公司是愿意租用办公室的，但对于个人来说，如果他有能力购买住房可能就不愿租用住所了。在亚洲尤其如此，拥有住房具有其社会必要性。因此，住宅类 REITs 必须有能够吸引租户的独特之处。这就是为什么在亚洲住宅类 REITs 相比北美更少的原因。

住宅类 REITs 与办公类 REITs 的另一个重要区别是，住宅类 REITs 的租约通常更短（6 个月至 2 年之间）。相比而言，办公类 REITs 的租约在 5 ~ 15 年之间。尽管住房的租约较短意味着房主（也就是 REITs）需要花费更多的资源寻找租户来续租到期的房间，但拥有众多租户也在一定程度上分散了住宅类 REITs 的风险，一部分租户不再续约不会对住宅类 REITs 造成很大冲击。设想仅为大型跨国公司服务的办公类 REITs，跨国公司对于办公类 REITs 来说规模很大，但同时也有较强的议价能力，一家公司的离去不仅会留下空置的办公楼，短期内找到新的租户也是很困难的。

## 零售类 REITs

想挣到钱，你不能思维狭隘，每一种事物都有不止一面。类似地，零售类 REITs 也不只是购物的，综合性商场会更复杂一些，要了解零售类 REITs，必须首先了解商场提供什么样的购物体验，它是否能够吸引足够的客流。将这一点做好的商场有更高的价值。以下可以作为考量零售类 REITs 的开始：

- **时尚购物中心**。这一类购物中心出售名牌商品并定位于时尚界高端品牌，如路易威登（Louis Vuitton）、菲拉格慕（Salvatore Ferragamo）及古驰（Gucci）这些大品牌。通常，时尚购物中心坐落于较好的地段，这些地区有大量的高收入群体。该类型的 REITs 通常价格更高。
- **社区购物中心**。建造这一类型的购物中心的目的在于，为附近社区提供日常购物的超市，为消费者提供诸如服装、书店、餐馆等日常消费场所。这类购物中心通常由大型日用连锁店、百货商店租用空间。大型社区购物中心甚至可能会有两家大型连锁。这种类型的购物中心通常坐落在人口密集的地区——越大的社区，越有可能赚取更多的潜在利润。
- **品牌折扣中心**。在这里，较大品牌的零售商向公众打折出售商品——通常是由于商品存货或非应季商品。这些商场了解一部分人为了省钱，愿意走很远的路来买非应季的品牌商品。把这类购物中心建在租金更低的城郊，能够降低经费开支，这样商家就能够以更低的折扣销售剩余库存了。

零售类 REITs 与其他类型的 REITs 有很大区别，因为 REITs 与租户之间的关系是互利共生的——任何一方离开了另一方都不能成功。举例来说，就算最好的餐厅也不可能在名声很差、客流稀少的购物中心生存下去。同样，如果租户的品牌很差，即使是在最佳地段设计最好的商场也无法维持运营。

这种共生的关系体现在租赁合同中，零售类 REITs 包含“销售分成”条款（percentage of sales）。这意味着租户需要向零售类 REITs 支付一定比例的销售收入，这个比例是提前商定好的。作为回报，REITs 将利用这部分资金举办促销活动以促进顾客在租户商铺的消费。

实际上，这意味着 REITs 有更强的动力来吸引顾客，类似于对零售商的销售奖励——这就是租赁合同背后的逻辑。

在零售业中，较高的租金支出并不一定意味着较低的利润。办公类 REITs 或许是这样的，其所处的地段并不一定与盈利水平紧密相关，因此较高的租金有可能导致较低的利润。但对于零售类 REITs 来说，利润完全取决于商场能产生多少销售，因此这必然联系到潜在顾客的数量。举个例子，每个潜在的租户都面临两种选择——支付每平方米 1 美元的租金并每月完成 10 美元的销售，或付出每平方米 10 美元的价格并能每月完成 100 美元的销售。理性的租户都会选择第二种方案以获取更多的利润。

这就是为什么零售类 REITs 能持续收取高额租金。如果经济情况允许，理论上租金是没有上限的。这是其他类型的 REITs 所无法做到的。

为了增加客流并吸引合适的购物者，零售类 REITs 可以采用资产提升计划（Asset Enhancement Initiative，简称 AEI）策略。即通过装修购物中心来吸引更多顾客光临，包括升级电梯、重新设计内部装潢和调整商场布局，以定位于不同类型的消费者。这是一种通过巧妙手段增加 REITs 收入的方式，无须经历漫长和昂贵的过程去并购其他资产。

## 物业之外的因素

零售类 REITs 的最大好处在于它们是非常透明的。你可能经常去购物中心，甚至你就住在某个商场附近，但不要以为你就了解这家商场。

你需要带一个本子然后开始观察购物者的数量，以及他们看起来是否打算购物。注意一些细节，比如购物袋的数量、停车场的汽车数以及商场所吸引的消费者类型。他们是年轻的家庭吗？他们特别富有吗？他们多数是高中生或大学生吗？除此以外，采访店主和雇员去听取他们的意见。这些雇员知道的可能比你想象的多，多数时候获得这些信息只需要一个友好的微笑和问候。比如，一个投资者可以通过与餐厅服务员交谈设法获取商户的租约细节、平均收入以及利润情况。

基于以上，你可以大概估计商户的总体收入。请记住，零售类 REITs 与租户之间是共生的关系，任何一方都不能脱离对方独立存在。如果商户运营得很好，那么 REITs 也会一样。

你可能专注于如何盈利，但真相是：你同样需要关注如何避免损失。多数人把 REITs 想象得很美好，相信他们选择的 REITs 能够产生 10 倍的回报。哪怕商场看起来已经不景气了，这些人仍然相信它能够奇迹般恢复生机。他们不愿想象困难，去考虑 REITs 可能面对的真正的风险因素。

认真、批判性的思考是很必要的。优秀的投资者会到商场做实地尽职调查，而更优秀的投资者会把他看到的情况与宏观形势联系起来。传统实体商业模式的一个主要风险就是网络购物的兴起，消费者无须再到商场购物，他们也许会到商场试衣然后到网上以折扣价购买同款商品。商户的销售收入将会下滑，并进一步影响到零售类 REITs。你需要考虑：这一趋势会影响 REITs 吗？如果你投资的商场经常有富裕的游客光顾，那么也许不会被影响——他们不会耗时间在网上去买同样的东西——无法从网上购买同款产品。但如果你投资的商场多数是音像书店，那么也许你该再考虑一下了。

## 工业类 REITs

工业类 REITs 有点像开工厂赚钱，但不完全是关于工厂。工业类 REITs 的资产组合包含制造中心、工业园区、仓库、物流中心和商务园区。等一下——商务园区？难道不该属于办公楼吗？你也许注意到一些工业类和办公类 REITs 在某些报告中是归类在一起的。在富时 NAREIT（全美房地产投资信托协会）指数中，这些 REITs 占了股权型 REITs 相当大的比例，达到 7%。

因此，不要小看工业类 REITs。你正在通过如下一些类型的资产从优质的行业赚取利润：

- **仓库**。用于货物的商业存储，仓库是工业类 REITs 持有的典型物业种类之一。仓库不仅又是大又空的建筑，还需要修建装卸台，以便于卡车装卸货物。如果要完成更复杂的操作，仓库还需要特别改造。比如，一些仓库被设计用于从铁路、机场、港口等主要运输枢纽直接转运货物。对制药行业来说，仓库还需要环境控制，将湿度、温度等保持在可接受的范围内。这些方面将提高投资和运营仓库的成本。

- **制造中心**。通常工业类 REITs 的资产组合中有两种主要类型的制造中心：重工业和轻工业。重工业制造中心是资本密集型的，比如造船厂、化工厂、炼油厂等经常需要昂贵的设备和建筑，甚至更高级别的定制设备。打个比方，住宅开发商能够整排整排地销售相似的住房，因为消费者的需求是类似的——你需要卧室、浴室、厨房和客厅。但重型工业制造商不能采用统一化的设计，因此工业制造商的租约期限通常比较长。一方面，REITs 根据租约期限很短的租户的需求改造建筑而花费资金是不明智的；另一方面，长租约对于租户也是有好处的，搬进定制的建筑对租户来说会产生高额的沉没成本。

很多人容易产生的一种误解是，工业类 REITs 的地理位置并不重要。因为需要很大的空间，把大型仓库建在土地价格便宜的地方是理所当然的。

再想一下，其实不然。像其他租户一样，工业类 REITs 同样需要考虑位置因素。大量制造业公司需要将其产品或原材料从一个地方运往另一个地方。如果公司坐落在偏僻的地方，其运输成本将大幅上升。你去浏览任何工业类 REITs 的网站时，就会发现这一特点。举例来说，马来西亚一个名为 Axis REIT 的工业/办公类 REITs 在每一处物业资产的说明中都清晰阐述了为什么该物业所处位置对潜在租户来说是战略性和有优势的，如与主要高速公路的距离、附近的关联行业公司、邻近重要交通枢纽等要素，都是以具体的条目体现的。

另外一种对工业类 REITs 的误解是，认为它们不像摩天大楼或高档购物中心那么光鲜，为什么要买满是灰尘的旧建筑而不去买五星级的大楼呢？

答案是为了分散风险。每每提及全球金融危机或房地产市场崩盘，足以勾起每一位投资者的噩梦。这就是为什么热衷于房地产的投资者——不管他有多么热衷于收购资产——也不会将所有的投资置于同一类型的资产或同一个区域的资产。这就是所谓的风险分散。有很多种途径可以分散风险——你可以投资于配置众多领域资产的基金，并信任基金经理可以帮助你分散风险；或者你可以选择一家风险已经较为分散的公司。比如，你想实现地域分散，你可以投资于一家跨国公司。

但如果你想在不同的行业领域分散风险呢？这就非常困难了，因为极少数公司会扩张到不同的行业领域。这与地域性扩张不同，因为进入新的领域需要跨越专业技术壁垒并需要花费大量资本。如果打算扩张，大多数公司会尝试着向与自己原有优势相关的领域拓展。比如脸书（Facebook），收购了Zynga和Instagram——这两家公司都与脸书的核心优势社交媒体和科技相关。新加坡樟宜机场的业务拓展方向为向全球的机场提供咨询服务，并设立空港建设相关的教育机构。并不是说寻找一家跨越多个行业领域的公司绝对不可能，只是这并不常见，想找到把这一点做好的公司就更难了。

所以如何才能做到两全其美呢？工业类REITs。下面说明工业类REITs是如何做到分散于多个领域的：单个REIT的客户往往涉及各种行业，它们可能不会全部集中于同一个领域。例如，看一下新加坡宝泽安保资本工业房地产投资信托（AIMS AMP Capital Industrial REIT，简称AA REIT）的资产组合，你将会发现来自不同行业的各种类型的租户，包括医药、物流，甚至葡萄酒。因此，如果你投资了AA REIT，你将借助各类租户的不同特征，将风险分散到所有的相关领域。

## 物业之外的因素

对工业类REITs来说，你需要考虑的远不止物业本身。如果你仅从一两个方面考虑的话，你有可能遗漏了一些重要的因素。

当你读到风险分散时，你可能会疑惑：工业类REITs可以帮助我将风险分散到多个领域，但是对我想把风险分散到整个产业链却帮助不大。我可能将风险仅仅暴露于产品的制造方面，但如果产品制造受到了冲击，那么我投资的REITs的价值就会下降。

上面就是思维狭隘的例子。工业类REITs已经发展多年，并不只是由仓库组成。再次回到 AA REIT 的案例，它的资产组合可能包括仓库和工厂，但同时也包括商务园区——一种综合办公楼和工业厂房的特殊开发体。办公楼距离工厂很近的便利性，吸引了很多跨国公司，如马来西亚八打灵再也（Petaling Jaya）的 Axis 商业园就设法引入了富士施乐、霍尼韦尔、强生等跨国公司。这种产业链风险分散的方式在亚洲和西方都有。比如第一产业房地产信托（First Industrial Realty Trust），是一只美国的信托，不仅拥有物流分发中心，同时拥有为研发服务的物业。

聪明的投资者会通过分析并联系市场来寻找隐藏的机遇。比如由于互联网购物的兴起，零售类 REITs 无疑受到了冲击。想想你是如何购物的，你会因为价格便宜，有时为了节省一两美元而跑远一些去购物，但假设为了省 10 美元你愿意跑多远的路？更何况如果你能够通过网络以更低的价格买到商品的话，无疑你会选择网络购物。你甚至可能先去购物中心查看商品之后再回家到网上以更便宜的价格去买。因此，零售商店什么都没有赚到，电商得到了一切。

房地产行业正在被电商影响的现象真实存在。在美国，有 33% 的办公空间需求与电商相关。电商需要空间存储其所销售的所有货物。随着电商产业的发展，新的需求也应运而生。比如，顾客不仅需要更低的价格，他们还需要货物能尽快送到手上，无须等待，无须每天焦虑地跟踪快递。

那么，电商巨头是如何应对的呢？举例来说，亚马逊引入了超级会员（Amazon Prime）——一种特殊会员资格，对大部分商品实行不限次数的两天到达的免费送货服务。为了兑现其两天到货的承诺，亚马逊需要大量的仓储库房，仅 2012 年就投资了近 140 亿美元用来购买 89 间仓库。如果你想搭乘亚马逊的发展潮流，有多种方式可以参与其中，不只是投资于亚马逊的股票这一种。工业类 REITs 在电商发展期同样可以赶上这一浪潮，因为这些公司需要大量的仓储空间。近期，亚马逊宣布在一项名为无人机运货服务（Amazon Prime Air）的研发上投入资金——这是一个特别的无人机，能够在一小时内送达包裹。如果真的实现了，设想诸如亚马逊这样的公司需要多少存货空间。所以，一定要打破传统思维深入思考，不要总是想着看起来光鲜的——那些亮闪闪的不都是金子。

## 医疗类 REITs

**健康就是财富**。你认为健康护理仅仅是医院，就打算要跳过本部分内容吗？请再想一想。就像有很多种类的住宅、办公楼和工业物业，医疗健康物业也分很多种类：

- **退休村和老年公寓**。在一些国家，人口老龄化非常迅速。如日本，1/4的人口在65岁以上，这一数字还在持续增长，因为人口出生率仅为每名女性1.39。新加坡也在面临着类似的人口问题，新加坡公民的年龄中位数将从2011年的39岁提高到2030年的47岁。① 随着需要照料和特殊护理的老年人数量不断增加，对于满足上述要求的设施需求也在增长。与此同时，随着生活标准的提高以及对老年人看护需求的涌现，一个新的概念——老年公寓出现了。这里并不是指老年人的家，该行业从单一的老年公寓衍生出其他类型，在美国和澳大利亚，退休村的概念发展起来，已经和房地产开发比较相似。由专门设计的适合于老年人的公寓组成的高档小镇正在崛起。这里的活动由专人组织，老年人在镇上可以尽享晚年。为应对突发情况，医疗设备和医护人员时刻在现场准备着。像这样的退休村特别适合做REITs，因为每个居住单元都是通过租赁的方式获取收入。如果你正计划从人口结构转型中获利，专注于退休村的医疗类REITs，对你来说将是极好的选择。
- **专业护理中心**。专业护理中心与退休村相似，但更多注重于康复和照料。举例来说，如果一个人在车祸中受伤严重，并且需要重病物理治疗，他可能需要特殊照顾，依靠医疗专家协助其康复。对他来说，普

---

① http：//population. sg/key-challenges/#. U6eV70AfNaU

通医院可能是不能满足这些条件的，专业护理中心就应运而生。这里的交易与租约相似——患者需要照顾，但又不希望在护理中心买下一套公寓。他需要为护理服务支付费用，这对护理中心来说是一项稳定的收入来源。这是非常适合做 REITs 的，因此有医疗类 REITs 会专门投资于专业护理中心，比如美国的 Aviv REIT 就拥有超过 280 个急性病愈后康复和慢性病护理中心。

- **急救医院**。这也是你在考虑医疗类 REITs 分类时很自然会想到的一种类型，先锋医疗产业信托（First REIT），新加坡第一个医疗类 REITs，其资产组合中相当一部分是持有西罗亚（Siloam）医疗集团的股份——印度尼西亚最大的私立医疗机构。这些医院提供传统的医疗服务，如外科手术、重病监护、事故急救护理以及诊断设备等。对投资者来说，医疗因为其在生活中的必需性是很有吸引力的行业。如果患有危及生命的疾病，在你能够承受的范围内，你会想尽一切办法治疗疾病。退休村和护理中心也适用同样的逻辑。如果年长的家庭成员需要全天候 24 小时的医疗帮助，合理的选择就是把他安置在专业的护理中心以得到必要的照料。医疗类资产具有吸引力的另外一个原因是，由于租约期限都相对较长，通常为 10 ~ 15 年期，且附带更新条款。几乎很少听说医院破产或关门倒闭——特别是大型的医疗集团，因此租金收入是相对稳定的。更进一步，医疗行业的并购机会很多。比如综合医疗保健控股（Integrated Healthcare Holdings，简称 IHH）持有一只名为百汇生命（Parkway Life）的综合型 REITs。IHH 通过并购其他公司进行激进的扩张，包括新加坡百汇控股有限公司和土耳其最大的医疗集团 Acibadem 综合医院。在地球另一端的美国，Ventas REIT 近期宣布将以 26 亿美元的价格收购美国房地产资本公司（American Realty Capital，简称 ARC）的医疗类 REITs，交易完成后 Ventas REIT 将成为美国第六大 REIT。这一收购举动为投资者提供了更多利好，使这只稳定的证券具有更强的吸引力。

## 物业之外的因素

如果你认为医疗类REITs不会出什么问题，那么下面就是一些你在医疗类REITs亮丽的外表下需要考虑的方面。不要想当然地以为医疗类REITs会一直增长，下面解释原因。通常，人们会如何支付医疗费用？这是很关键的问题，因为这决定了REITs的收入现金流，进而会影响到你所投资的证券的表现。你可能持有全世界最豪华的医院，但如果顾客无法支付费用，REITs也一样会失败。

患者的收入决定了他们支付医疗费用的能力，所以当收入增加时，支付能力也随之增强？这是不正确的。那么，有哪些其他影响因素呢？给你一个提示：政府；另一个提示：医疗政策。这些因素是如何作用于医疗行业的呢？如果政府决定负担患者到私立医疗机构就诊的医疗费用，那么这对私立医疗中心将是一件好事。

但是在阅读报纸时你会发现，这是个一直以来的话题。在医疗类REITs较多的美国，奥巴马总统的“医疗法案”就是决定医疗类REITs发展还是衰退的关键因素。这一法案能够通过放宽保险覆盖的群体范围促进医疗需求。但如果降低赔偿水平呢？如果患者仅能够对一次外科手术申请1万美元的补偿而不再是2万美元呢？这就是为什么一些REITs（如医疗类REITs）要通过减少依赖政府支持的患者来控制风险。[①] 这是好事还是坏事，取决于你如何分析政府政策可能的变化对REITs的影响。

**REITs实战**

不同类型的REITs，其信息透明度也不尽相同。有时，你可能会想知道一些信息，但在网上或年度报告中却查不到。你尝试给投资者联系人

① http://online.wsj.com/news/articles/SB10001424052702304819004579489802706065832

打电话，但你仍然没有解决你对 REITs 的疑虑。你该怎么办？下面是一个投资者通过不寻常的方式获得她想要的东西的故事。

## 医院视察员

吉利安（Jillian）非常信任医疗类 REITs。医疗行业有非常好的前景，并且 REITs 是很好的投资方式——能提供稳定的分红，同时有增值的潜力。吉利安唯一不能确定的事情就是该选择哪一只 REIT。

她刚刚结婚，还生了一个小男孩。她未来如何支付孩子上大学的费用？尽管他只有两岁大，吉利安知道她必须为未来做打算，而且必须计划好。几个月中，吉利安为了寻找最好的 REITs 翻阅了年报，分析报告和网上的文章，她想尽各种办法，尝试各种估值模型，坚持不懈。

吉利安选出了一份有几只 REITs 的清单，现在她唯一无法找到的信息就是 REITs 是否依赖于自付费的患者还是保险覆盖的患者。不管多么努力地寻找，她还是没办法得到这些数据。这个问题困扰着她，她不知道没有这个关键信息，该如何做决定。

一天，她有了一个主意。如果这些信息是无法获取的，那么她就设法让它变成可取的。她查看脸书，找到医疗行业的朋友。她打电话给每一个人，去当面了解政策是如何影响她正在考虑的各种 REITs 的。

当她得到对于同一只 REIT 的不同答案时，问题出现了。一个朋友说："我不是很确定。但是自费患者的比例大概是 50%。"不久后，另一个朋友又说："嗯，我想可能会更高一点，也许是 2/3 左右。"

哪个才是对的？吉利安无法确定，但是她不能就此放弃。如果没有完成必要的研究就进行投资，将是十分危险的。

她回到记录板前，再次头脑风暴。她向丈夫、好友和亲戚征求办法。终于，她得到了启发。她有了一个需要付出大量工作的想法，但是值得去尝试——她要自己去收集信息。

制定好策略，吉利安坐下来在地图上标出她能访问的主要医院。她不能拜访所有的医院，但是能拜访到大部分有代表性的。然后，她就去实践了。她走进休息室，与患者攀谈，潜移默化地调查到有多少是依赖于政府补偿计划的。她接近护士和招待员以掌握信息，同时避免过度打扰他们。

“我丈夫打算到这里做眼科手术，”她这样跟招待员讲，“你们接受个人保险吗？”

“是的。”招待员如此答道。

吉利安接下去问：“患者大多数用个人保险支付吗？”

从上述不经意的间接谈话中获取信息并非易事，但她很快收集到了不少样本和各种数据用来核实她从朋友那里得到的矛盾信息。

### 故事启示

在做出决定之前，你必须了解做出该决定所需掌握的信息。有时，你需要脚踏实地，找出创造性的方法去获取你想要的东西。

INTERNATIONAL

REITs

第三章

# 读透资产负债表

现在，你对于什么是 REITs 以及市场上可以投资的 REITs 种类有了详细的了解。但是要真正了解 REITs 的情况，你必须掌握所有技能中最基础的一项：读懂财务报表。

财务领域有很多术语。你难免会听到的术语之一就是“资产负债表”（“BS”），资产负债表用来记录公司的资产、负债和股东权益。我们来逐一说明：

- **资产**是指能为公司创造价值的东西。对 REITs 来说，最显而易见的资产就是物业，因为物业能够为 REITs 带来租金收入。但资产不一定非要像一整个购物中心那么大，它也可以是无形的——比如专利，代表你拥有一项特别的设计，除非向你支付专利费，否则其他人不能仿制这种设计。
- **负债**与资产相对——它是向第三方支付的一项义务。对 REITs 来说，典型的例子就是银行贷款。
- **权益**是资产与负债的差额。在向债权人清偿债务之后，剩余的部分理论上就是属于股东的权益了。如果你的负债超过资产，你的权益就是负数。

现在了解了这些基础知识，在评估不同种类的 REITs 时就能够不单单是看物业本身了。诸如“资产”、“负债”、“权益”等术语仅仅是个开头，你还要知道如何去理解资产负债表中每一行的科目。下面，我们继续。

## 流动资产

流动资产是公司资产中在一个财务年度或运营周期内（运营周期是指生产、销售产品并获得收入所需的平均时间）容易迅速出售、花费或消耗的资产。在财务领域，我们把这一属性称为“流动性”。也就是说，流动资产就是具有较高流动性的资产。你可以把它想象成一种液体，能够很容易地平滑流动。类似地，流动资产也容易“转移”，就是说短期内可以迅速使用或出售。举例来说，现金属于高流动性的流动资产，因为你可以在任何地方马上获得或交换现金。其他容易转换成现金的流动资产包括存货、应收账款等。相反，房屋就属于非流动资产，有时需要花费一年多的时间才能卖掉。在后面的资产负债表样表中，列示的其他流动资产包括交易性应收账款、其他应收款、存款、预付款和银行存款等。

## 非流动资产

非流动资产，或固定资产，是低流动性、短期内无法转换成现金的资产。非流动资产与现金或银行存款等流动资产完全相反。非流动资产还可以被定义为既不能直接销售给公司客户，又不能直接从生产和运营活动中获得的资产。比如，一家餐厅的流动资产包括存货（食品和饮料）或收取的现金。它的非流动资产包括房屋建筑、家具、电器等。这些非流动资产虽然也有价值，但不能直接出售给顾客，也不能很容易地转化为现金。其他典型例子包括投资性房产、工厂和设备以及递延所得税资产，这些会出现在后面的资产负债表样表中。

## 流动负债

流动负债是运营周期的财务年度内，需要以现金或现金等价物偿还的贷款或债务。举例来说，应付账款就属于流动负债，它表示短期内必须向供货公司支付的账单。相反，抵押贷款往往是非流动负债，因为通常其还款期会多于一年。流动负债可以分为如下几类：

- **公司与公司之间**。应付账款或应付账单，以应付方式进行交易是几乎每一家公司的资产负债表内都能够找到的标准形式。
- **公司与个人之间**。应付薪酬或应付股东分红，你会在之后的样表的收入分配中看到这一项。
- **公司与银行之间**。即贷款。甚至对个人来说，都可能已经背负若干项贷款了，REITs 往往负有更大额的贷款。
- **公司与政府之间**。所得税，在利润表中你也会看到所得税。为避免混淆，可以这样想，流动负债是你近期内欠某人的一些东西。类似地，资产负债表中列为流动负债的所得税就是你近期拟支付的所得税。看看你是否能在资产负债表样表中找出这一项。

## 非流动负债

非流动负债也叫长期负债。这是你需要在一年以后偿还的债务。比如，长期租赁，实质上作为租赁合同就是一种非流动负债。其他典型的例子还有抵押贷款，剩余期限长于一年的银行贷款，都属于非流动负债。然而，需要注意的是，并不是所有的银行贷款都是非流动负债，因为并不是所有贷款都在一年之后偿还。长期负债中需要在一年以内进行支付的部分被划分为流动负债。有时，一些年度报告在附注中进一步把这一项称为长期负债中的流动部分。比如，一项需要支付两笔 5 000 美元的贷款即将到期，一笔是在 12 个月内需要偿付的，另一笔则是在 12 个月之后，这项贷款就被分为两部分：第一笔 5 000 美元是流动负债，第二笔是非流动负债。

你会在我们的样表中注意到，最大的流动负债是在借款项中——看起来例子中的REITs在2013年举借了相当多的贷款。这会随之体现于REITs杠杆率的提高。

## 资产净值

请拿出你的计算器，因为计算资产净值（Net Asset Value，简称NAV）时需要进行加减运算了。资产净值经常用NAV表示。要计算NAV，在资产负债表中简单地用总资产减去总负债就可以了。这是衡量REITs的价格是溢价还是折价的简捷方法之一。

请记住，我们不仅仅要买对的股票，还要在正确的时点购买。比如，很多人都想买苹果公司的股票，但是现在股票价格为每股90美元。假设你能够在每股5美元的价格购买时会是怎样？

REITs适用于同样的逻辑。但是要注意——NAV不代表一切，还有很多其他的方面需要考虑。当你用NAV作为比较标准时，你是在比较资产负债表内的数据，但这并不能反映出REITs管理团队的能力，也不能反映出租约是什么样的；最重要的是，这也不能反映出某一指定REITs所在行业的前景。所以你可以看出这仅仅是冰山一角。你要计算NAV，但是不要仅仅依赖于NAV就做出决策。

在典型的资产负债表中，首先会列示资产，然后是权益和负债。

**财务状况表**

（2013年6月30日）　　单位：千林吉特

| | 2013年 | 2012年 |
|---|---|---|
| **资产** | | |
| **非流动资产** | | |
| 工厂及设备 | 1 263 617 | |
| 投资性房产 | 1 548 539 | 1 598 525 |
| 递延所得税 | 3 317 | |
| 非流动资产合计 | 2 815 473 | 1 598 525 |

续表

| | | |
|---|---|---|
| **流动资产** | | |
| 存货 | 927 | |
| 应收交易款 | 8 267 | 850 |
| 其他应收款、押金及预付款 | 111 723 | 77 762 |
| 现金及银行存款 | 55 515 | 92 007 |
| 流动资产合计 | 176 432 | 170 619 |
| **资产合计** | 2 991 905 | 1 769 144 |
| **权益及负债** | | |
| **所有者权益** | | |
| 份额持有人资本 | 1 291 395 | 1 291 395 |
| 未分配收入 | 173 799 | 215 796 |
| 货币兑换储备 | -149 126 | 8 345 |
| 份额持有人基金合计 | 1 316 068 | 1 515 536 |
| **非流动负债** | | |
| 借款 | 1 575 469 | 180 000 |
| 应付费用 | 2 449 | |
| 长期负债 | 285 | |
| | 1 578 203 | 180 000 |
| **流动负债** | | |
| 交易应付款 | 4 156 | |
| 其他应付款 | 43 144 | 25 603 |
| 所得税负债 | 100 | |
| 预计收入分配 | 50 234 | 48 005 |
| | 97 634 | 73 608 |
| 负债合计 | 1 675 837 | 253 608 |
| **所有者权益及负债合计** | **2 991 905** | **1 769 144** |
| **资产净值** | **1 316 068** | **1 515 536** |
| 流通份额（千份） | 1 324 389 | 1 324 389 |
| **单位资产净值（林吉特）** | | |
| -收入分配前 | 1.0680 | 1.2210 |
| -收入分配后 | 0.9937 | 1.1443 |

你在最后才看到资产净值，是因为资产净值需要用资产减去负债。用资产净值除以流通份额数量，就得到单位资产净值。

## 杠杆率

这里的杠杆率不是说车的档位，杠杆率是指对于REITs的资产来说，其承受了多少负债，即：

杠杆率 = 总负债/总资产

提高杠杆意味着承担更多负债，反之意味着减少负债。为什么杠杆率很重要？假设你决定买一辆你负担不起的昂贵轿车。你有一间价值10万美元的公寓，而轿车的价格是20万美元。你申请贷款用来购买汽车。这对于银行来说是有风险的，因为你可能无法偿还债务。现在把这种情况延伸至REITs上来，如果REITs的资产超过负债，那么它能够偿还债务的可能性就更大。

这是一项非常重要的指标，以至于很多国家的监管机构都规定了REITs可以达到的杠杆率限制。比如，某一REIT所在的细分行业发生了严重的危机，该REIT杠杆率很高并且债务本息的偿付严重依赖于其收入现金流。后面将会发生什么呢？举例来说，如果一场传染疾病导致旅游数量减少50%，酒店行业REITs就很可能受到影响。其杠杆率增加，但是REITs已经不能负担债务的偿还。接下来呢？可能有人来接手REITs，或者REITs走向破产。这意味着作为一名投资者，你可能损失掉你所有已投资的钱。因此，不要轻视杠杆率。监管机构严密监视着这一指标是有原因的：

如果你翻阅一份年报，你会在“资本管理报表”中看到杠杆率，如下页表所示。多数报告还会提供之前一年的杠杆率作为参考以便于投资者比较。

**资本管理报表**

（截至2013年6月30日的财年）　　金额单位：千林吉特

| | 2013年 | 2012年 |
|---|---|---|
| 借款总额 | 1 575 469 | 180 000 |
| 资产总额 | 2 991 905 | 1 769 144 |
| **杠杆率（%）** | **52.66** | **10.17** |

## 贷款期限表

债务并不那么简单，让我们再进一步看。它不是你能够从货架上买到、使用，然后抛弃的东西。当你举借债务时，会伴随有各种条款和条件。看一下汽车贷款合同你就会了解。你需要关注的一个非常重要的方面就是，债务的到期日——或者说是你有义务偿还全部债务的日期。为什么这是很重要的呢?

如果你即将迎来一场重要的考试，你就会围绕着这一天制订计划，特别是考试之前的日子。举借贷款也是类似的，因为偿债至关重要。如果你不能按期偿付，你可能会破产，你的资产将被处置。

看一只REIT的债务是否管理良好，就要核实其最高额的贷款何时到期。你很有可能就会发现REITs没有看上去那么光鲜了。举个例子，如果REITs的大部分贷款都在同一时期到期，你就可以确定届时资产负债表将有集中的现金流出。如果你投资的REITs不能负担现金流压力，你的投资将受到负面影响。

贷款的统计分析通常可以在资产负债表的附注中找到。翻到资产负债表后面，研究贷款期限表，你就能够了解REITs是如何管理债务的。如果你想要自己的投资是安全的，你要确保REITs至少有足够的现金能够偿还未来一年的债务。

REITs 贷款的更多明细通常可以在名为“借款表”的部分找到。这一部分提供贷款期限、借款日期、票面利率等信息。有时，这一部分内容还会包含更多细节。比如，有时 REITs 决定提早偿还贷款，正如下面例子中的 REITs 就在 2013 年提前偿还了贷款。

**借款表**

（截至 2013 年 6 月 30 日的财年）　　金额单位：千林吉特

| | **2013 年** | **2012 年** |
|---|---|---|
| 借款日期 | 2012 年 12 月 2 日 | 2011 年 10 月 24 日 |
| 贷款总额 | 1 575 469 000 | 180 000 000 |
| **贷款期限** | **5 年** | **5 年** |
| **利率（%）** | **4. 25** | **4. 13** |

注：2012 年 1. 8 亿林吉特的债务在本财务年度内已经完全清偿。
2013 年的贷款将在 2017 年 12 月 2 日到期一次性偿还。
2013 年的贷款附带增信：

- 对于投资性房产的第一追索权。
- 资产所附带保险的转让。

## 非受限资产

非受限的意思是，一项资产并未附带他项权利。举例来说，非受限资产就是不管你是否举借了更多债务，你都可以自由使用，或为了筹集资本可以转让或出售的资产。非受限资产的例子就是，你用彩票中奖所得的奖金购买的轿车。而你通过借入贷款（该贷款未清偿）买到的汽车就是受限资产。

当你看 REITs 的资产负债表时，请注意资产是否为受限的或非受限的。你或许会碰到一种情况，REITs 在纸面上显示良好，但实际上大多数资产都是受限资产。在有限的财务灵活度下，一次经济危机就会击垮 REITs。然而，如果有一定的空间，你就会知道 REITs 的现金流在受到冲击时会有一些缓冲的保护。

**REITs实战**

请看不负责任的抵押贷款投资是如何拖垮 REITs 的，并最终导致了 REITs 的破产。下面展示了时刻关注 REITs 的资产负债表的重要性。

## 致命的负债

菲尔（Phil）喜欢刺激的生活。他一生中都是风险爱好者。当他还是个婴儿时，他就哭喊着要被放下去自己探索世界，而其他的孩子还依偎在妈妈怀里。当其他人选择鱼和薯条作为午餐时，他选择他能够找到的最有外国风味的食物。偏好风险的毛病陪伴菲尔到了成年，也明显体现在了他的投资策略中。他讨厌如债券和定期存款这种“无聊”的投资。“如果你要把钱投资于定期存款，”他经常这样说，“你或许可以去老年公寓试试看，至少那里的生活都更有趣一些。”

尽管菲尔的妻子道恩（Dawn）总是告诫他要成熟一些，并为未来的家储蓄足够的钱，菲尔依然没有改变。菲尔喜欢风险，他是极少数愿意承担巨大风险的人之一。当朋友向他介绍 REITs 时，他认为传统的 REITs 对他来说太稳定了。但是有另一种 REITs 让他很兴奋——美国私募 REITs。这类 REITs 与其他 REITs 相似，除了它们是私下交易的，因此流动性很低。另外，较早赎回份额需要投资者支付较高的费用而蚕食他们的总回报，因此投资者大多在达到一定水平的回报率前不会轻易赎回。然而，吸引人之处就在于，资本升值的潜力巨大且有高额分红。

这就是菲尔喜欢的——高额回报的潜力。几周时间里，菲尔查遍了 REITs，寻找令人兴奋的东西。他不想要传统的医疗类 REITs 或者住宅类 REITs，因此他跳过了股权型 REITs 开始查看抵押型 REITs。在他几乎要放弃时，一种特别的 REITs 吸引了他：气球 REITs。这是一种抵押型 REITs，与投资于传统的住宅抵押贷款不同的是，气球 REITs 仅收到贷款每月的利息，在贷款到期之前不会偿还本金，这就是所谓的“气球型”还本方式。正如你所想象的，这些贷款比传统抵押贷款风险更大，你的资金将来源于公司最终一次性偿付的贷款本金。更大的风险意味着贷款可以收取更高的利息，但是你也会看到有更多的借款人违约。

菲尔喜欢气球 REITs——它很特别，敢于承担风险以换取高额回报。他也相信这种商业模式，还说服了每一个质疑他的人这种商业模式是可行的。

“亲爱的，”道恩说，“你不认为这有些危险吗？我是说，万一所有的借款人都违约了呢？”

“你总是担心太多。”菲尔对妻子说，“放心，这个 REITs 有很好的管理人。我肯定他们会做出正确的决定，我们只需要在这里收取回报。”

菲尔接触气球 REITs 越多，就越喜欢它。他打算用本来计划买车的钱投资 REITs。他快速计算了一下，只要每件事情都按计划进行，他就能从投资中每年获得 20% ~30% 的回报。这比花钱买车强多了，从拿到车钥匙的那一刻开始汽车就在贬值。

“可是，菲尔，”道恩抱怨道，“我们需要一辆新车。现在这辆在过去 3 个月里已经瘫痪 5 次了！”

“短期忍痛，长期回报。”菲尔回应，“我们能坚持过去，最终会变得更加富有！”

然而，道恩的担忧并不是完全没有依据的。在投资后的 6 个月里，不利的消息出现了。一部分借款人违约了，引起了 REITs 资产负债表的巨变。当菲尔得知消息时，他试图对妻子隐瞒，但妻子发现了。“菲尔！”她喊道，“我跟你说过！看，已经有一些借款人违约了！”

菲尔假装他并不在意。“好了，亲爱的。违约随时都可能发生。世界上最好的银行也可能会有借款人破产。”暗地里，他开始研究如何才能处理掉这些股份。让他震惊的是，经纪人告诉他提早赎回股份需要缴纳 15% 的费用。这意味着他不仅要承担现有的损失，还需要为止损付出更多。他掉进陷阱了。菲尔不想让道恩知道，但如果他赎回了就相当于把钱扔进了下水道。另一方面，如果他放着不管，REITs 就还有机会恢复并兑现此前的承诺。

但事态已经螺旋式地恶化了。如果菲尔研究了资产负债表，他就会发现大量的销账和坏账准备。REITs 被拉长得很脆弱，在压力下可能绷断。然而，菲尔心中风险偏好让他仍然幻想着事情可能会好转。在 2008 年，全球金融危机引发了对气球 REITs 的致命打击。几乎所有气球 REITs 的借款人都因为房地产市场的崩溃而违约。气球 REITs 的价值跌入低谷，只能申请破产。

REITs 破产那天，菲尔甚至不知道。是道恩尖叫着把他从清晨的梦中叫醒。“菲尔，”她哭着不停地重复，“全完了，全完了。”

当看到道恩如此沮丧时，菲尔的胃绞成一团。“什么完了？”他问。

“我们的积蓄，那个 REITs，它完蛋了！”她痛哭着。

他试着用手臂抱着安慰她，但是她用力地打了他一耳光。“都是你的错。”她叫道，“我告诉过你这风险太大了，然而你还是要去做。在我告诉你之前你甚至不知道 REITs 已经破产了！你是多糟糕的投资者啊?!”

“亲爱的。”菲尔说，他不知道还能说些什么。

“不要叫我亲爱的！”她高声说，“补救它。我要你补救你搞砸的这一切。”她搬回母亲的家中并好几个星期不理菲尔。他尝试着联系几名律师看是否有可能拿回他的钱，但过程漫长，耗费精力且花费巨大。他不知道这样做是否值得，或者他是否有耐力完成这件事。

伤害已经发生。因为一时的鲁莽，缺乏对 REITs 资产负债表的关注，摧毁了一切。他失去了他的积蓄和妻子对他的信任。这样值得吗？

### 故事启示

承担一些风险是可以的，但是不要在对目标公司的财务报表一无所知时就做。对于REITs来说，资产负债表尤其重要，是抵押型REITs和权益型REITs的命脉，它能够更准确地反映杠杆率。监管机构紧盯着杠杆率是有原因的。

INTERNATIONAL

REITs

第四章

# 解读利润表的“言外之意”

学习英语文献的日子结束了吗，财务只是计算 1 + 1 = 2 那么简单吗？基本的逻辑告诉我们，并不是这样的。想象一下那些传奇的投资者们是如何在Excel与彭博资讯还没有问世的过去而成功投资的；他们又是如何在没有那些复杂的财务模型的情况下挑选最好的公司的？虽然财务的确涉及数字繁多，但它同时也离不开大量的批判思维与分析。

本章将教你如何批判性地去评估利润表中最重要的组成部分之一——利润与亏损。尝试把利润表当作一份体检报告，它揭示了一个公司的财务健康状况。

> 误解：财务健康状况是指一个公司赚了多少。

许多初学者对什么是健康的财务有着错误的理解，认为仅仅意味着获得收入。而那只是答案的一小部分，还有以下几方面的原因：

- **效率与收入同样重要**。效率至关重要，否则我想你会把所有的钱都投入政府担保证券，这样就能保证获得相对低但稳定的收益。如果你还没扔掉这本书，证明你是追求效率的。如果把读财务报表像读一篇精美的文献一样仔细研读，你就可以辨认出哪些 REITs 比其他更有效率。
- **如何筹措资金**。如果给予足够的起始资金，几乎任何人都可以创造一些收入。但是你到底需要多少钱？你融资了吗？大多数投资者总是紧盯住资产方，但同时我们也提醒你留意债务方。有无数案例显示，一些 REITs 承担了过多债务来加速其自身的扩张，一旦经济衰退，就容易暴露其脆弱的财务结构，导致财务危机甚至走向破产。

- **可持续利润比昙花一现的收益更为重要**。如果你发现资产或者利润突然激增时，你应当更加谨慎小心，因为你要弄清它是否可持续。有些时候，公司的确会在其财务报表中疯狂地提高所谓的“商誉”及“无形资产”科目的价格，即使这其中并没有实质的资产支撑。例如，当一家公司收购另一家公司时，支付的溢价就是所谓的“商誉”，并可划入资产负债表的资产方。然而，这真的给公司带来了增值吗？不仔细阅读财务报表，很可能会上当受骗。对于 REITs 来说，财务上的可持续不仅意味着取得最有位置的物业，优化管理这些物业，同时也意味着它们能从租户那里获得现金流。这不同于仅拥有高出租率，因为出租并不保证获得回款。可能你更想知道它们收购的资产确实能产生实际回报，还是无法产生。对于一只 REIT 来说，财务可持续是最为重要的，因为这是一个资本密集型产业，需要足够的资金实力来获得成功。此外，大多数国家都会限制 REITs 的杠杆率，如果一只 REIT 无法通过其租户获得现金流以迅速偿还债务，那么它将陷入瘫痪。

本章将介绍利润表最重要的一些内容。更为重要的是，我们将教你如何领会利润表每个科目的“言外之意”。有时，那些内在的通常看不到的，往往比表面一眼看穿的东西更为重要。戴上你的地主帽，我们将要带你进入关于 REITs 的密集旅行。

## 营业收入

对于任何 REITs 来说，租金收入就是命脉。一个 REIT 有再华丽的资产组合，如果没有住户租赁，它将持续亏损。

误解：营业收入和收入是一样的。

它们肯定是不同的。“收入”是指公司收到的每一分钱，而“营业收入”是指公司具体的核心业务所获得的收入，分清这两者之间的区别是重中之重。

下面会告诉你为什么：卡里姆（Kareem），一位 REITs 经理。他一直忧心忡忡，因为他的 REITs 一直表现不佳。出租率很低并且很多租户拖欠租金，这导致 REITs 的租金收入很低。卡里姆担忧不已，如果市场无意中捕捉到这个事实，他会大祸临头的。他希望市场暂时忽略这个“异动”，但该怎么做呢？

他想出了一个绝妙的主意。那年，他允许一家知名的电影公司在他 REITs 旗下的物业内拍摄。作为回报，制片方支付了大量酬金。在给定的情况下，卡里姆通过租赁获得的租金和他从制片公司那里得到的酬金都视为“收入”。

作为一个潜在投资者，如果你在浏览财务报表时没有读懂它的“言外之意”，你可能看到的是一个良好的收入状况，认为一切都安然无恙。而事实上，看似很高的收入却只源于一次性事件，例如一个财产的处置或者类似上面所说的允许一个无关的制片公司入驻拍摄。然而，通过对营业收入更为仔细的审查，你将对 REITs 的实际租金收入资金流有更清楚的认识。

所以务必记住，“收入”和“营业收入”是不一样的，将其混淆可能会影响你投资的成败。

如何将营业收入纳入你的投资决策呢？正如所提到的，无论做什么，都需要将一些行业平均指标或领先指标作为基准来比较。对于营业收入，同样适用。最简单的一件事是比较历年收入，以此获得同比数据。如果去年同期增长没有超过定期存款的利率，就不要高兴得太早了。简单地说，此时你应该把你的钱放在银行而不是考虑 REITs。更糟糕的是，如果同比增速低于通货膨胀率，这意味着资产并没有真正增长。想象一下：即使你让 REITs 放在那儿不动，光是通货膨胀就会使租金飙升。

最后，假如REITs的增长率真正超过了定期存款利率和通货膨胀率，最后一步就是把它与其他行业或地区的REITs比较，看看它们各自的收入增长。

## 营业费用

正如一分耕耘一分收获，伴随收入还有成本的发生。对于REITs来说，需要大量各种费用支出来维持资产的经营。为了投资分析，其中有一些科目需要我们领会它的“言外之意”。

- **薪酬**。一般来说，有两种不同类型的薪酬。第一种是指你所支付给REITs的管理费用。支付给为你管理资产的经理人，他们会为你收购或处置你名下投资组合的资产。这部分你应该仔细检查，看看薪酬结构是否能激励经理人去优化管理。经理人是否能被激励从而承担收购资产的义务，或他们是否直接受益于资产收购（即使这些收购不一定是正确的决策）？第二种薪酬是支付给底层员工的，从安保人员到维修人员，甚至包括服务台的员工。
- **折旧**。折旧实质上是资产会随着时间由于磨损而减损的价值，即你所付出的一种成本。例如，你今天购置了一辆车，那辆车会贬值——如果它购买时值5万美元，一年后，它可能只值4万美元了，意味着它折旧了1万美元，这就是你遭受的“成本”。除非市场表现不佳，资产是不会经常贬值的。不同于汽车和机械，还有一些附属在土地上或者物业的内在价值。那么，它们又是如何影响REITs的呢？别忘了，REITs也是需要维护的。例如，商场的电梯会贬值，因为它们某一天终将被更换。这就是为什么投资者有多种收入口径——你也许听到过“EBITDA”即“税息折旧及摊销前利润”。有时，投资者不想考虑高额的折旧费，此时可参考使用EBITDA。
- **销售、管理及行政开支**。事实上，REITs等同于间接向你推销物业。

> 而你为什么会对它的推销感兴趣呢？究其原因是由于它良好的推销与营销。如果一个资产没有适当的营销与包装，它就会不受欢迎，也不会产生可持续的租金收入。随着营销而产生的是另外一种必需费用，例如一栋办公楼的一般行政开支。

既然你已经涉猎了这么多类型的费用，那么你怎么处理它们呢？谨记，没有什么会计科目是单独存在的。所以试着把这些科目连接起来，想象你自己正在绘制一个理想的 REITs 的画面。每个科目之间都是彼此相关的，如果其中某个部分你认为没有意义，很有可能是因为你对它还没有足够的认识。

所以我们如何通过营业收入和营业费用来得到营业利润率呢？如果你将费用所占收入的百分比算出来，那么就可以得到所谓的“营业利润率”——公司每销售一单位产品所赚的钱。你也会意识到这个营业利润率是随着费用、收入而波动的。例如，如果费用增加而收入下降，营业利润率也将下降。

## 物业净收益

物业净收益（Net Property Income，简称 NPI）就是我们所说的收益，或者说是 REITs 产生的利润。

> 误解：收入、收益和盈利是一样的。

在某些语言中，人们可能会混淆收入、收益和盈利，因为其他的语言中，这三个科目也许不是独立的。所以，要绝对清楚：

利润 = 收入 − 成本

利润 = 收益、净收益、盈利

把这些术语混淆起来可能会差之毫厘，谬以千里。曾经有一个投资者误把“收入”当作“利润”，认为 REITs 表现极佳：因为收入明显要比其他 RE-

ITs 的利润高得多。当他损失惨重后才意识到，他忽略了收入和利润之间的根本差异。在损失惨重之前，你肯定和其他投资者一样，认为这种事永远都不会发生在你身上。

在这里，它将变得更加复杂。不同会计准则衡量物业净收益有着不同的方法。例如，在一般公认会计原则（GAAP）下，REITs 的物业净收益应将折旧费用考虑在内。因为大多数 REITs 的资产都是在资产与其他固定资产一栏中，折旧费用如果计算在内将会影响严重，但是这并不是 REITs 的真正价值。因为 REITs 终究不可能避免高水平折旧，在某些时候 REITs 的经理人必须追加资金，以提高资产价值。

## 单位派息

单位派息（DPU）也称为“红利”，它表示 REITs 到底给股东分发了多少钱。如果你是一个很注重每年分红的投资者，那么应该注意这个数字。

但不要只看分配的红利总额，因为你很可能看到的是一个巨大的数字，而这并不代表真正的收益。假如红利是 100 万美元，却要分配给 200 万人呢？因此，你应该关注的是合并报表下的单位派息，而不是总的红利。

当然，你得比较不同年份的单位派息，要是你看到单位派息存在减少的情况，请不要惊慌失措，因为它与收入、物业净收益是不同的。试着去理解为什么单位派息会有存在减少的情况，这未必是一件极其严峻的事。例如，由于资产价格的骤降，经理人可能决定抛售一些价值较低的资产；或者是公司想提取更多留存收益，对当前资产组合实行资产提升计划。

这并不只是出现在 REITs 中，在普通公司中都很常见。有的时候，一家公司会提取很大一部分的留存收益来支持那些需要高水平的融资才能实施的计划。

误解 1：物业净收益与分红相同。

许多投资者之所以被 REITs 吸引是因为他们认为，REITs 为了享受税收优惠政策，而不得不分配超过 90% 的利润。再想一想——超过 90% 并不意味着 100%，在财务世界里，10% 的意味千差万别。物业净收益与分红是两个完全不同的概念。

物业净收益的一部分会由于营运资本的需要被保留下来，营运资本指的是公司为了维持日常运营而需要的现金。不管你有多么精明，还是得给员工发工资，不然公司会倒闭的。而剩下来的一部分物业净收益可能就用于为 REITs 潜在收购新资产而增强资本基础。

误解 2：单位派息高的 REITs 是理想的 REITs。

有着高单位派息的 REITs 就意味着一定会有稳定而丰厚的年度分红吗？如果你真这么认为，你还是去买高收益的债券好了。

如果你真有兴趣投资 REITs，你应当注重长远收益。毕竟，你更希望投资一个当期只有 3% 的回报率而每年增长 8% 的 REITs，而不是回报率为 6% 而没有增长的 REITs。

## 有息负债财务成本

负债是 REITs 大型并购融资中最常用的方式之一，而这个科目会告诉你 REITs 是否良好地实施了它的融资策略。通常无息贷款是十分罕见的，有时银行甚至还会索要很高的贷款利率。

误解：如果融资费用很低，就说明 REITs 表现良好。

事实并非如此。假设“芒果 REIT”承担着超级低的债务——10 亿美元的债务每年的贷款利率仅为 2%。简单来说，这意味着“芒果 REIT”每年的利息是 2 000 万美元。但“芒果 REIT”每年的物业净收益只有 1 000 万美元。

难道这是一个好征兆吗？显然不是——也许“芒果 REIT”一直在通过前几年的留存收益，凑齐足够的现金偿还其债务，这种情况下，一次危机就可以打趴“芒果 REIT”。

更谨慎的投资者会关注物业净收益，然后进行一些敏感性分析来看它是否能支付利息费用。他会提出这样的问题：即使物业净收益缩水 50%，REITs 是否还能支付利息费用？

利息覆盖率 = 息税前利润（EBIT）/利息支出

正如公式所显示的，更高的利息覆盖率为 REITs 能用营业收益支付债务提供了更好的保障。如果你想测试 REITs 是否能抵御金融风暴，这种敏感性分析必不可少。

有时候还不完全由于 REITs 自身的财务状况或者 REITs 的经营管理。当一些租户承受不住巨大压力而被迫提前终止租约时，也会带来巨大风险。如果 REITs 不能找到替代的租户，就会对物业净收益与接下来的 REITs 偿债能力造成打击。对于 REITs 来说，遗憾的是：你不能终止债务，而拖欠债务可能意味着宣布破产。对于像你这样的投资者来说，会损失惨重。

**REITs 实战**

下面故事中一位学生购买了 REITs 的股份并获得了固定的红利支付。她对于能找到这样的 REITs 而洋洋得意，从而投入了更多的积蓄，然而她并没有领会到利润表的“言外之意”。由于她没有真正理解利润表，她的投资像过山车一样惊心动魄。

## 人心不足蛇吞象

这是玛丽亚（Maria）第一次投资 REITs，因此，她对这次投资满怀期待。

于是她很早就决定要挑选一只由一流房地产开发商所发起的 REIT，这个 REIT 有着多元化的资产组合以及良好的收益前景。玛丽亚是一个风险厌恶者，崇尚零风险高回报，可惜这样的投资项目并不存在。

经过几周的研究调查，玛丽亚找到了一只适合她的 REIT。从其资产组合中就可看出这是一只由顶级开发商支持的 REIT 项目。旗下资产都位于最好办公区域，同时玛丽亚清楚，只有与政府联系密切才有机会置办这些物业。因为商业中心的土地极为珍贵，也是千千万万商人争抢的香饽饽，因此需要特殊的途径才能置办这类资产。正因为有着如此优质的特性，该 REIT 才得以如此快速地增长和发展。

玛丽亚几乎阅读了所有的资料，甚至是字典那么厚的招股说明书。

她的朋友莉莉（Lily）说：“玛丽亚，我真不知道到底为什么你要抱着这么重的招股说明书不放，难道不是浏览一下分析报告就可以了吗?”

“我可是正在考虑倾尽我几乎一生的积蓄进行投资好吗？我想确保这个 REIT 真的很好。我投资它可不是为了亏钱的!”玛丽亚回答道。“你是为了买房而存钱吗?”莉莉问道。

“有点儿。”玛丽亚说。

事实上，玛丽亚正在为买一个古驰的新包而存钱。如果能用她积蓄中的 2.5 万美元获得 10% 的红利，她就可以用这 2 500 美元去买任何一款她想要的新包。

经过几个月着魔般地阅读说明书的一字一句，玛丽亚决定忍痛投钱。事实上，她把所有的积蓄都投进去了。因为那时股市非常火爆，这个 REIT 已经超过了市场的预期收益率达到了每年 11% ~12% 的分红。每个人都想购买，既然所有人都想买它，玛丽亚想，那么她就一定没错。

前两年，似乎一切都非常美好。作为投资回报，玛丽亚得到了 10% 的分红。这让她买到了那款梦寐以求的新包，同时也给了她信心。

“哇，”玛丽亚每次查看基金余额都会想，“我真的很擅长投资，我从来不知道我可以成为这么好的投资者!”某一瞬间，她甚至考虑放弃现在的正式工作成为一个全职的 REITs 投资者。她想：既然她选择的 REITs 已经很好了，为什么还要浪费时间去关注其他的 REITs 呢？它就像一棵不断产生高红利的摇钱树，这在市场上是非常罕见的。在她投资得到分红后，她根本不在意股价是否会涨，或是长期上涨。

这次，玛丽亚不再去阅读招股说明书了，她甚至连浏览 REIT 最近的财务报表都嫌麻烦。对于她来说，这只 REIT 已经证明了它的价值，这就是她要找的终极 REIT。因此，她凭着直觉又投入了向朋友和父母借来的 25 000 美元。

投资后，她也懒得去监控股票的走向。玛丽亚唯一要做的就是把每年 REIT 分红的日子标记在日历上。

遗憾的是，天有不测风云。正如许多基金经理所提示的那样，过去的业绩并不是未来业绩的可靠依据。2008 年，全球金融危机让所有人都措手不及，并且暴露了一些公司不稳定的财务结构，而玛丽亚钟爱的 REIT 就是其中之一。媒体开始报道该 REIT 由于在扩张资产组合的过程中承担了太多的债务，而面临着巨大的财务压力。金融危机期间，其房地产估价暴跌，租户开始违约。不仅是 REIT 的资产负债表，其现金流也开始干涸。

直到她的母亲给她打电话，玛丽亚才注意到这些报道。在这之前，玛丽亚都以为 REIT 会像发条钟一样，沿着稳定的步伐每年按时返回红利。

“玛丽亚！”她母亲喊道，“你看新闻了吗？”

“看什么新闻啊？妈妈。我正在工作呢。”玛丽亚在办公室悄悄打着电话。

“你的 REIT！”她母亲尖叫道，“它要破产了！你买了 Persimmon REIT，对吗？”

玛丽亚的心沉了下去，“你在说什么，妈妈？破产？不可能！”

“这是新闻！”她的母亲重复道，“你自己去看吧！”

玛丽亚用电脑迅速地浏览了新闻，标题用大黑体写道：“Persimmon REIT 债务危机面临崩溃，近乎破产。”

“玛丽亚？玛丽亚，你还在吗？”妈妈喊道。

“我在，妈妈。”玛丽亚低声说，她的声音几乎听不见。

“你看到新闻了吗?”玛丽亚保持沉默。

她看了新闻，她母亲说的都是真的，她心里却不肯接受，不可能！她的REIT不可能辜负自己。她深深地吸了一口气，身子向后靠在椅子上。她闭上眼睛，希望自己从这个噩梦中醒来。

“你投了多少钱，玛丽亚?”她的母亲问。玛丽亚摇了摇头，放声大哭，她根本不愿意想它。

她开始担心房子的抵押贷款和汽车贷款该如何偿还。这是她一生的积蓄，甚至还有她向父母和朋友借的钱。她怎么才能把它们还清?

### 故事启示

即使你曾经做过大量的研究，也证明曾经自己是正确的，不要总是认为会出现同样的结果，应该研究每次发布的财务报表的“言外之意”。如果玛丽亚早一点儿注意到警示的征兆，她就可以卖掉股份并终止损失，而不是在最终REIT申请破产，失去一切。

INTERNATIONAL REITs

第五章

# 不可或缺的尽职调查

已经学会了如何读懂某只REIT的财务报表，你一定要再通过大量浏览利润表、现金流量表和资产负债表来多加练习。

当你驾轻就熟时，就算准备好了。或许，你也准备拿出一笔数量可观的钱投资自己喜欢的REITs。但在此之前，你必须确保你已经完成了关键的一步——尽职调查，或叫作“DD”。

尽职调查是指对目标企业或个人，开展深入调查的行为。例如，在人力资源部门雇用员工之前，他们会做一个详细的背景调查，以确保不会有暗箱操作。近年来，就有不少丑闻被公之于众，经常可以看到这类新闻，恐怕连你所在公司都不一定能排除在外。

也许，你可能已经完成了一些尽职调查，诸如去调查一些目标REITs名下的资产。然而，尽职调查的范围应更加广泛，它包括调查基金管理团队、历史业绩、租户情况以及收购计划等一系列事项。

开始REITs投资之前，先卷起袖管准备好对REITs做DD吧。

## 管理团队

管理是任何REITs最重要的一个方面，也是你应该集中精力关注的方面。为什么呢？因为领导力是决定一个组织成败的关键因素之一。

试想任何一个你欣赏的公司或组织，最终你会发现，它的成功与领导者息息相关。比如，想到苹果，你就会想到史蒂夫·乔布斯；想到曼联，你就会想到亚历克斯·弗格森；想到美国，你就会想到贝拉克·奥巴马。REITs 亦然。你会意识到你需要做更多的尽职调查。出类拔萃的 REITs 经理人可以让资产在他的悉心照料下得到改善；而另一方面，REITs 经理人也有很多方式让它变得糟糕透顶。即使一些失误看似微不足道，但也可能触及底线，使其深受打击。例如，假设你最喜欢的商场停车场发生了一起斗殴事件，你还会觉得在那里购物是安全的吗？或者，假设你最喜欢的商场总是有些怪味道，你也不可能是它的回头客了。

有什么好的方法来评估你的 REITs 管理水平呢？可以考虑两个关键点——他们提升 REITs 的尽职程度及其应对危机的经验。

## 你的经理人到底有多尽责?

经理人是否真正致力于管理 REITs 的一个很好的指标就是，他是否持有该公司的股份。所占股权越多，他就越会投入更多来管理该项资产。如此一来，REITs 表现良好，经理人也会从中获益。

这就是为什么在初创企业，员工往往可以选择将入股作为其薪酬的一部分。由于初创企业通常没有余力来支付员工高薪，相应地，它们只能提供公司的股份，因此公司越成功，员工的回报就越大。有时一些规定甚至要求管理团队必须持有公司股权。例如，对于特定目的的并购公司——一种提前挂牌并专门被指定用于开展收购活动的上市公司，这是一个额外的监管，其管理层必须持有公司的一些股权，以确保管理层将为本公司及其股东的最佳利益行事。在某些情况下，经理人会愿意承担起他们资产中大部分股权，所以反过来说，如果一个经理人不愿意投资于自己的公司，那么肯定有些事情出了问题。

## 他们过去是如何应对危机的?

想象一下：假设A被一家经营良好的公司任命为CEO，并且当前市场也朝气蓬勃。然而，另一位CEO B却必须重新组建一个公司，因为该公司已经亏损多年，市场行情也每况愈下。请问你会认为A任务艰巨吗？你可能会说，在任何地方担任CEO都是件难事，但你不能否认，在上述假设中，B将面临更多挑战。他不仅要解决困扰公司多年的重大问题，还必须迎接新的难题，并寻求新的增长点。如果在B的处境仍然可以做到游刃有余，那么可以肯定，他在A的处境下同样可以做到。因此，考察一个人的能力，要看他在高压下是如何表现的。

## 租户

REITs资产下租户质量，是管理层是否经营良好的一种表现。一个常见的误解是，“优质租户”必然与“奢侈品店”或“富人和名人”挂钩。但是，说服规模最大、最耀眼的企业入驻你的楼盘，这并不是最重要的，更重要的是要确保你的租户可以按时支付租金。对于零售类和酒店类REITs，这也意味着能够吸引到保持物业繁荣的客流量。

为确保你的目标REITs有租户支付现金，并且资产具有一定的上涨空间，你要经常检查REITs是否有好的战略，是否按照计划不折不扣地执行。如果一个REIT实际运作起来和承诺的大相径庭，你最好敬而远之。例如，有一个商场本将其定位为高档社区的奥特莱斯——一个兼有五星级商场特色又涵盖百货、银行和美容美发等社区商业特色的业态。然而，你再看看它商铺的组合，完全不能称作社区亲民型，甚至连家庭友好型都不算。人行道中随便地摆放着摊位，并且出售着各种小玩意儿，毫无战略可言。经理简直就是来者不拒，接受任何一个来敲门的商家，并把它们随意地放在一起。唯一可取之处只有电影院，它吸引了众多观众。每一个顾客几乎都跳过了前四层，直奔电影院。几年后，这里满是破败的卡拉OK和酒馆，油漆也开始剥落。最近，它被另一家雄心勃勃，试图扭转局面的REIT收购。这个教训显示了租户的重要性。因此，一定要检查入驻的租户和管理层的战略规划是否相符。如果现实与愿景不相符，要么管理层没有想清楚，要么就是其战略难以执行。

## 融资能力

对投资者来讲，一家公司能为其分配至少90%的年度净利润是极好的。但是，这只是事情的一方面。从REITs的角度来看，如果把几乎所有的利润都分配了，那它们就所甚无几，更别说经营了。即使它们再有声势浩大的发展战略，也没有办法去落实。可以想象，这对一位精明能干的经理人来说是多么令人沮丧——既有抱负又精通专业，却被有限的资金缚住手脚。当然，留存收益也是其中的一个对策。这就是为什么融资渠道对于REITs是如此重要，是为了REITs能筹集足够的资金以支持宏伟的增长战略。但你又如何判断一只REIT是否易于融资呢？第一步就是分析该REIT历来是如何筹款的。如果它们已经通过债券和票据募集资金，你可以看看它们的融资工具是否受到认可。

若该REIT被超额认购，则表明它的确被投资者认可。更进一步，你应该看看该REIT募集资金的条款。假设REIT A打算筹集10亿美元，并承诺5%的收益率；同时，REIT B承诺4%的收益率以筹措相同的资金——在其他情况都相同的情况下，可以说REIT B更好地筹措了资金，因为它相较于REIT A承诺的收益更少。

你将会讶异有很多优秀的企业做得更厉害。2002年，巴菲特的负利债券卖得非常好，该产品的供给从2.5亿美元增加到4亿美元。为什么人们会购买负利债券呢？接下来，我们讲讲其背后的故事——其实，沃伦·巴菲特的债券是加上了一种认股权证，允许投资者以15%的溢价购买伯克希尔–哈撒韦公司的股票。这意味着投资者相信，伯克希尔–哈撒韦公司的股票上涨将超过15%的溢价水平，此利得足以支付机会成本。即便你与银行打交道的经验可能仅限于用ATM机取款，你也能知道这道理同样适用于债务融资。事实上，人们的主观判断起着非常大的作用，对于一个REIT，这意味着融资与再融资条款在某种程度上是主观的，而非一成不变。

如果你感到不知所措，可以从信用评级报告开始。穆迪和惠誉是全球认可的发布信用评级报告的机构，但也有许多其他发布评级的当地机构。这些报告通常是公开的，你可以看看它们是如何分析公司债务组合和公司前景的。例如：

> XYZ给ABC REIT发行的债券评定B3的评级。ABC REIT较低的B3主体信用评级是源于其在持续低迷的酒店行业中持有大部分的资产。在未来12个月内，存在加息预期，这将导致ABC REIT进一步增加其不确定性，因为其超过一半的债务都属于浮动贷款利率。截至2013年12月31日，ABC REIT债务/总资产比率为39.9%，利息覆盖率达到1.4倍。

正如你所看到的，如果标的股票表现良好，投资者和银行并不介意稍微为其开通“绿色通道”。这同样适用于REITs，如果REITs有坚实的基本面和良好的管理，可以肯定的是，它更容易获得资金。

## 并购储备

假如你已经考核了管理层，似乎很可靠；你已经实地考察你所想投资的REITs标的资产无数次，并彻查了那里的每一个租户；你也考究了REITs历来融资的方式，也很满意；此时，你已经做足了功课，并且迫不及待地想把钱投入到REITs。但是，我们还差一步。

假设你的REITs管理完善，拥有优质的租户组合，并从以往来看也易于筹措到资金。接下来的问题是：它们对募集的资金有详细规划吗？这些规划可以转化为物业的上升空间吗？还是它只是一个稳态型REIT，会有每年固定的分红但并没有多少资本增值呢?

投资者通常都有一种误解，就是只要收购赚钱，那么这就是一个很好的收购。这是错误的——它应该要赚到足够多的钱，因为筹集资金是有成本的。为了说明这一点，假设 REIT A 宣布它希望举债购买一些资产。通过尽职调查，你发现该资产估计有 10% 的回报率，因此对于该 REIT，每花费 100 美元购买该资产，将可获纯利 10 美元。10% 听起来的确不错，但是，如果这次收购募集资金的成本是 11% 呢？突然间，10% 的回报率看起来也很糟糕，实际上净亏损了 1%。所以，你最好别投资它。

务必时刻密切关注意向 REITs 的收购战略，以及它是否能够利用收购获益。它们期望的回报率是多少，是否现实，是否有利可图？一旦被“收购”的魅力所迷惑，投资新手往往忘乎所以，将这些问题抛诸脑后。如果你了解到一些公司的收购行为，你就不会兴奋不已了。

**REITs 实战**

一些投资者往往喜欢选择有积极，甚至激进收购计划的公司。毕竟，收购意味着资产会有一定的上升空间。然而投资者往往忘记了收购可能是致命的，尤其当交易是被错误的动机所驱动的时候。

## 收购背后的故事

历经 6 年的保险销售工作，卡丽（Carrie）实现了她的重大突破：她得到了一份在一家 REIT 工作的机会，她的任务是帮助制定公司的整体战略。这个千载难逢的机会源于她的一个客户发现她并不满意自己的工作，同时他又认为卡丽很有潜力，无论处于何种境地，只要她潜心经营，一定能够获得成功，因此他推荐卡丽到了这个职位，这才有了现在的她。坐在这家

REIT 的办公楼里，卡丽感到很紧张，她需要证明自己。在那里的第一天，她遇到了很多人，以至于她将这些名字都混淆在一起了。她的首个任务是评估一些 REITs 考虑收购的资产。除了处理办公桌上一摞厚厚的材料，她还得自己去做一些额外的研究。她不禁感到兴奋。因为她将成为决定潜在收购的智囊团的成员之一，并在公司的最终决策中影响重大。她觉得自己很强大。

她的老板托尼（Tony）鼓励她说："卡丽，我知道这里的一切对你来说都是陌生的。但我得告诉你：如果我们不收购，我们就不会进步。只会像那些老掉牙的蒸汽火车发出隆隆的声音缓缓沿着预定的轨道行驶，我们现在做的事是把公司建设成为高速列车。我们要前进，我们要动作快！"这一切对她来说都是美妙的。头几个月，卡丽工作得非常勤奋。

这个收购团队中只有九个人，所以每个人都责任重大——但她很喜欢。只有一个问题，卡丽并不认为任何渠道的资产都值得收购。

"托尼，"她迟疑地说，"万一……"

"什么？"托尼说，从他的办公桌看过来。

"假若我说所有的资产感觉都不是特别好，你怎么认为呢？"

"什么意思？"他问。

"我的意思是说……"卡丽说。她已经演练了无数遍，但还是太紧张，她几乎无法正常发声。

"我认为如果我们购买这些资产，我们会入不敷出的。"

托尼靠在椅背上笑了起来。"卡丽，卡丽。你是新人，你刚刚来到这里，是什么让你觉得没有一处资产是值得的？"

卡丽的脸颊变红了，她把手伸进她的文件夹中，那里有她在过去数个月里不停地做的研究。

"请您看看这个数据。"她用她的研究解释说，"当下资产的价值空前高涨，大多数我们所需的资产都要价过高。那些地区的需求预测也表明，可能没有足够的租户来吸收供应量。"

当托尼正在审查图形和表格时，卡丽继续说道："如果现在购买，我们会承受巨大的风险。从本质上说，我们打赌需求会激增的时候，市场的共识却是近年来需求会比较疲软。"她停顿了一下，屏住了呼吸，等待着托尼的回应。

最后，他抬头看了看，笑了。"卡丽，"他说，"数据不代表一切。有时候，作为房地产分析专家，我们不但要依赖于我们获取的信息，还要凭直觉。"

卡丽感到很迷惑。"但是，数据说得很明白，"她又坚持道，"它们都指向同样的结论——现在不适合买进。"

"听着！"托尼厉声说道，听起来很恼火，"你以前是做什么工作的？"

"保险。"她温顺地答道。

"那就是了。你认为你比一直在房地产行业工作超过 10 年的我更清楚吗？"

"我想不是。"卡丽说。

"所以，听我说，这个数据是错的。事实上，如果你深究下去，你很可能会发现数据是错的。"托尼说。

"现在，请关上门，出去。我要打一个重要的电话。"。

卡丽受伤了。她没想到老板就这样否定了她这几个月的研究，甚至都没有看完它。难道她真的错了？她回到办公室，又看了一遍数据。她甚至再次深入研究，但结果都是相同的：现在不适合买进。她对她的研究坚定不移，她试图说服她的同事乔治（George），证明她是对的。

"乔治，"她说，"我分析这些资产好几个月了，我认为其中任何资产都不值得投资。"

"哦，是的。"他说，"我听说你跟托尼说了。"

"你听说过？真的吗？"

"整个办公室都在谈论这件事！这么长一段时间以来，你是第一个以身试险敢告诉他没有一个好资产的人！"他说。

“但这难道不是吗？看看这些数字。”她一边说，一边递给乔治一些她所做的研究。

“这可能是真的。”乔治说，“我并不了解你看的这些材料。但是，没有人告诉托尼。”

“为什么不呢?”卡丽说，想知道她是否“踩到了地雷”。

“他的奖金的一部分要看他是否进行收购，”乔治解释说，“试想一下，如果我们不收购，我们就会被解雇。因为没有人需要我们!”

“的确如此，”卡丽慢慢地说，“但是，我们不能盲目投资!”

乔治耸耸肩。“你很快就会意识到有很多东西是凌驾于收益与损失之上的。以前有一个收购，直到买下它几个月之后，我们才有相应的计划。”

“什么?!”她气急败坏地说道，“但其中一些交易可是数以百万美元计，相当昂贵!”

“就是这个样子，”乔治说，“事实总是不完美的。”

故事启示

并非一切真的都像年度报告描绘的那样完美。最终的决定可能会和很多个人判断和个人喜好结合在一起。所以在选择一个REIT投资时，要持怀疑态度。

## 资产提升

我们已经了解到REITs是如何通过收购和管理其债务状况来发展的，让我们来看看第三种方法——资产提升（AEI）。

假设你购买了一套房产，既然这样做了，你自然想要好好经营它。你可能会翻修卫生间，安装淋浴，在每个房间安装空调，并在厨房安装整体橱柜，所有这些都是个人层面上的资产提升。这是从你的个人资产中释放价值，让你从它那里获得更多的“价值”。从这个角度来看，“价值”指的是你获得的满足感。

当你决定卖掉资产时，这个“价值”可以转化为货币价值。例如，与潜在买家讨价还价，你可能会说，因为房子装修得很好，因此可以卖到更高的价格。同样的逻辑也适用于REITs。你会想知道它们是否在好好经营它们拥有的资产——它们是否偷工减料，不去粉刷那些已经残破不堪的墙壁？如果东西坏了，是否能尽快得到修缮？

这些听起来好像本不应该由公司或管理层去负责。但是你会大吃一惊——我曾经在一个刚刚经过重新装修的一家商场做尽职调查，和里面的店主交流。一位咖啡厅老板抱怨说，供水经常在早上被切断，直到上午9点才会有水。操作员认为这不会影响到生意，但对咖啡厅却是沉重的打击。店主只好拒绝清晨需要咖啡的人群，这导致了每天数百美元的机会成本。

如果操作员在供水这样最基本的操作上犯错误，那你在其他地方很可能也会发现漏洞。如果资产维护本身就是一个挑战，公司在规划资产提升方面将遇到更多的麻烦。当你对你选择的资产进行尽职调查时，尽量和每个人，尤其在那里工作的人交谈。这不仅包括店主也包括保安、清洁工和维护人员。

他们比你更了解这处资产，并且能给你提供有用的信息。当你参观这处资产时，带上笔记本，列出潜在的问题以及你的想法。在你看过一些资产后，你就会对什么是“好”的，什么是“坏”的有概念了。更宏观地来讲，就REITs是如何资产提升的，你可以找到如AEI强度（可投入资金的百分比）和AEI回报率等指标。你还应该能够找到其他数据，如AEI计划表以及预计完成日期。

**REITs实战**

尽管“无限”的回报是所有投资者梦寐以求的，但那只是痴心妄想。

然而，一些公司已经设法获得了某种形式的‘无限’的回报——一位出色的

REITs 经理成功做到了。永远不要低估优秀的领导能力，也永远不要忘记对 REITs 的尽职调查要做到尽善尽美，尤其是关于管理团队的调查。

## 点石成金

伦纳德（Leonard）的工作就是搜寻垃圾物业，越是破败，越没吸引力，就越好。其他人视这样的物业如瘟疫一般，避之不及，伦纳德却被它们吸引，他往往花费整个周末去看这些物业。不知道伦纳德的人可能会认为他疯了，但那些熟悉他的人称他为物业的“迈达斯国王”——无论多么破败的物业，伦纳德都有魔力把它变成黄金。一两年之内，每个人都避而远之的物业会突然变成生机勃勃的地方。

位于东南亚的一处集购物、办公为一体的综合性购物中心是伦纳德众多优良资产的其中一个。伦纳德出现之前，人们对其视如草芥。大楼的租户来自五湖四海，它们没有明确的战略或目标市场，出售的物品五花八门。当伦纳德走进一家商店时，他发现一些商品已经积了厚厚的一层灰尘，陈旧不堪。店主们似乎也很业余，当他想要离开时，他们拦住了他，说可以提供七折的优惠。整个大楼充斥着绝望的气息，步入大楼就像退回到几十年前，但有一件事情还是不错的——它的地理位置优越，并且这个城市的发展也蒸蒸日上，中央商务区附近还有一个地铁站。附近的甲级办公楼已供不应求，但还有很多租户等待着新开放的空间。

此时，该国经济蓬勃发展，并且年度 GDP 稳定增长。最重要的是，物业的出售价格非常低。全球正刚刚走出金融危机的阴霾，物业的价格都处于空前低价。人们都压力繁重，有些人被迫出售质量良好的物业。这是伦纳德出击的绝佳时刻。他相信市场会迅速回暖，物业价格会再次飙升。毕竟，这是中央商务区的高档办公楼，需求量是巨大的。伦纳德的背后也有大型私募股权房地产基金的支持，它们相信伦纳德的能力，并做跟踪记录。他递交了一份提案，如果获批，数月内就能购置物业。许多人认为，伦纳德简直就是铤而走险。

“城市里总会有贫民窟，”他最好的朋友劝他说，“并不是每一幢大楼仅仅因为它良好的地理位置，就可以改变。”

另一个人问道：“你想过会一败涂地吗？你难道没有听说过有的商场即使地理位置再好，最终也宣告破产了？”这样的话会让人动摇，但伦纳德并不在意。他拿出大部分积蓄与私募股权基金一起投入这个项目中，以此展示他的信心。

改善物业毕竟任重道远，需要投入数以百万计的资金，数个月的详细规划以及无数次的修订，伦纳德才会放心。他试图通过他广泛的社交圈，去寻求专家的最佳意见。

不仅仅是设计和建设的问题，租户组合才是最大的挑战。伦纳德致力于寻求一流租户以实施他的优质资产策略，这将带给他更高的利润。

但问题是，一流的租户往往不愿意轻易搬迁移动。它们中许多商家已经租赁了其他中央商务区的甲级办公楼，所以搬迁对于它们来说无疑是费力不讨好。此外，伦纳德收购的物业可谓声名狼藉，破败且肮脏。即使完全将其改造，说服市场重新接受也并不容易。当伦纳德听说一个顶级跨国公司计划在此建立办事处时，他知道机会来了。偶然一次，在和同学西瑞（Serene）吃早餐时，西瑞告诉他，她的朋友是新办事处的领导。

伦纳德知道这对他的物业意义重大。

“真的吗？”他问，“你的朋友找到理想的办公场所了吗？”

“我不知道。”西瑞回答，“不过我可以问一问。”

“请你帮我问一问吧，”伦纳德请求道。他放低身段，他需要一个机会来说服跨国公司成为他的租户。这带来的好处是巨大的：如果跨国公司入驻，他可以利用该跨国公司的声誉和品牌来鼓励其他顶尖的租户考虑搬迁。为什么呢？商场和办公楼往往是根据其租户的质量来评判的——如果一个顶级跨国公司同意入驻，这等同于一种默许，并给市场发出了一个强烈的信号。

几个月来，伦纳德跟着西瑞的朋友。他一路飞赴欧洲与跨国公司商议，并且允诺提供优惠租赁套餐，以吸引跨国公司成为他的租户。就像约会一样，每次他得到的是模棱两可的回应，他就觉得要崩溃了。但他没有放弃，一直通过邮件、电话，最重要的当然还是直接见面去跟进。

跨国公司签约的这一天终于来了。那天，他一路飞行到欧洲与这家跨国公司商议，这已经是第八、九次了，他还要倒时差。疲惫不堪去参加会议简直就是一场噩梦，他几乎无法睁开眼睛了。尽管如此，他喝几罐红牛，强打起精神参加会议。

此时，他习惯了“或许”和“也许”的答复，他甚至希望获得另一种拒绝的方式。因此，当这家跨国公司表示同意后，他的心脏几乎停止了跳动。“我们很高兴签署租赁协议。”公司的负责人说。

伦纳德欣喜若狂，兴奋地度过漫长的飞行，回家后他一遍又一遍与同事们庆祝成功，这是一个里程碑式的胜利。有了这个强大的租户给物业带来的声誉，他成功引入了其他租户，包括五星级时装零售商和美食餐厅。当物业装修完成时，相比初始成本，它的价值已经翻了近3倍。

当该物业取得成功之后，伦纳德把它卖给了一个REIT，获得了稳定的回报。但更重要的是，REIT任命伦纳德为管理者，以确保该物业仍然得到良好的管理。因此，伦纳德不仅兑现了承诺，而且还获得了稳定的收入来源和有价值的投资记录，以提高他的后续投资。当你已经建立了声誉，人们自然会涌向你。伦纳德拼尽全力寻找租户的日子一去不复返了。

### 故事启示

拥有精通专业、经验丰富和人脉深厚的经理人，创造的奇迹，永无止尽。所以要时刻对REITs的管理团队进行充分的尽职调查！

第六章

# REITs估值

也许你从来没有投资过 REITs，房地产、租赁、债务等概念对你来说也有些复杂。那么，我们可以将其通俗地类比为“买苹果”的问题。

假设你在超市买苹果，当你走到超市“水果区”时，你会发现可供选择的苹果种类繁多。你会选择哪一种苹果呢？为什么是这种而不是其他的？假设你是有预算约束的（事实往往如此），此刻，你一定想知道哪一种“苹果”会给你带来最大的收益。进行此类分析时，以下这些具体因素有必要着重考虑。

- **价格**。苹果的价格是多少？或许这样说过于简单，因为苹果有的因质定价，有的则因量定价。当大量购入苹果时，面对商家诸多的折扣或者促销策略，你会如何抉择呢？
- **大小**。苹果的大小如何？
- **类型**。你是喜欢“红苹果”还是“青苹果”？你更青睐“红富士”还是“粉红佳人”？

当然，还有一些无形的因素需要考虑，比如：

- **口感**。不同苹果有着不同的口味，但是在超市里你不可能在购买之前把每一个苹果都尝一口，这样的话，你该怎么办呢？

- **气味**。或许你试图通过嗅苹果的气味来推测它的口感。但是，闻起来香的就一定会好吃吗？

其实还有很多因素可以考虑，这取决于个人有多挑剔了。依据上述或者更多的因素，你会进行对比分析从而挑选出性价比最高的苹果。我们所关注的并不仅仅是价格，我们更注重包含无形因素在内的价值。如果这个苹果是最贵的，它的口感也是极好的，正好你最注重的就是口感，那么选择该苹果对你来说就是最佳的。

对于 REITs 来说是一样的道理，你需要对每一种股票的价值进行分析，以期望获得最大收益。也许你已经列出了一份几个中意的 REITs 名单，但是哪一个是最值得投资的呢？你也许会觉得最中意的 REIT 价格太高，以至于不确定它是不是还有更大的升值空间使自己获利。另一方面，你也想知道你是否应该选择一些尽管你不是很中意，但是它看起来价格较低，却有较大的升值潜力的 REITs。

尽管你不能像逛超市一样，在“REITs 区”挑选你想要的 REITs。但你能够且应该去做的就是：探究到底哪些因素驱动着一只 REIT 的内在价值。照此操作，你就能够辨认出自己是出价过高还是低价买入。考虑某个 REIT 的价值可以归结为 3 个方面——收入、盈利及分红。以这些指标为依据，让我们来回顾一下不同的价值模型是怎样衡量一只 REIT 的价值的。

## 市盈率

请不要将“市盈率（PE）”与“私募股权（PE）”混淆，因为“私募股权”的简称也为“PE”。如果你想进行投资，在估值时就必须掌握“PE”。人们通常还称其为“PE 率”或者“PE 乘数”，千万别被这些术语吓着了。市盈率简单来说就是：市场对该公司每单位收益所愿意支付的价格。换句话说，它说明了投资者需要多少年才能把所持股票的成本赚回来。

市盈率＝股票市值/上一年税后盈利

股票市值（market capitalisation）是指上市公司所发行股票的总市场价值。如果你在你家附近开了一个小商店，这个小商店是没有市值的，因为市值只适用于上市公司。你可以用当前的股票价格乘以已发行的股票数量来计算市值。到这一步，你会和其他人一样考虑这个公司的价值所在，因为这种价值就是人们愿意投资的理由。

如果你了解了市值的计算公式，你会意识到它每天都会变化，因为它依附于股票的价格。同时，当公司决定回购部分流通股时，其市值也会发生变化。有的公司回购股票可能是因为其股票价格正处于历史最低点，尤其是当它们认为未来股价还会涨起来的时候。为什么如此操作可以轻易获利？一个公司对自己股票价格的起落是最了解的。当某公司觉得自身股价过低时开始回购，当股价拉起时再卖出，如此一来就会不费多大气力地攫取巨大利润。

下面我们用一些实例来进一步解释市盈率：假设“苹果REIT”的市值是5亿美元，上一会计年度税后利润为2 500万美元，则市盈率为20（50 000万/2 500万）。如果行业平均的市盈率为12，那么可以说“苹果REIT”的价格太高了，因为你需要20年的时间才能收回投资成本。

将市盈率作为分析REITs唯一的工具有很大的风险和不确定性，因为从公式中就可以看出，其很大程度受到公众意见的影响。更有甚者，很多时候公众意见导向是错误的，很多公众看好的公司都惨遭破产。难道你还想人云亦云，将投资决策寄希望于舆论而步其后尘？

还有一点需要注意，行业的平均市盈率并不一定是一个可靠的指标，因为它本身也一直在变化。很多投资初学者都认为国际银行发布的报告很可靠，但如果事实真是这样，那些国际银行的经济分析师应该很有钱才对。金融行业处于高压环境之中，经济分析师的工作堆积如山，这种情况下，他们并不总是能够提供毫无纰漏的财务报告。而遗憾的是，在这个高压行业中，意外多出来的一个小数点就意味着数百万美元的损失。

我们要学会带着批判的眼光去阅读资料。比如，行业平均值也许并不是没有太大的意义，因为 REITs 会更严格地区分为工业、办公楼、酒店和医疗类等，这里只列举其中少数几项。每个 REIT 之间都是不同的，同时驱动因素也是不同的。

当你想把市盈率作为投资依据时，请确保它至少是可比的。比如尽可能明确到它所在行业、部门和地理位置。接下来，你就要花工夫去探究为什么这些市盈率是不同的。比如，A 银行认为亚洲 REITs 的平均市盈率为 14，而 B 银行则认为是 12。此时你应该去审查一些细节，因为可能 A 银行在统计计量时的焦点放在中国内地、新加坡和马来西亚等国，而 B 银行则还着重统计了中国香港地区，由此导致不同。

总之，要注意仅依赖市盈率进行投资决策的局限性。就好比，当你要选购一部手机时，你所考虑的绝不仅仅是内存大小，还要考虑其 4G 网络的性能、屏幕大小等。如果你会用上述方法来选购手机，那为何不将其分析策略应用于投资决策中呢？所以请继续阅读此书，以便掌握更多实用的估值方法。

REITs
实战

曾经有一个投资者将市盈率作为投资决策分析的基本点并成功预测一鸣惊人，甚至击败了最老练的基金经理，并在短短 3 个月时间内获得 15% 的回报。下面就来讲讲他的故事。

## 市盈率的直觉

欧文（Owen）作为这个圈子里最低等级分析师，在基金公司里是无关紧要的小人物，还经常是同事开玩笑的对象。一旦他发表某种评论就会受到大家的猛烈抨击。每当他请求做一些更复杂的工作时，从没有人给他机会，他只好默默地守在电脑和打印机旁。

被弃之一边，做一些无人愿意干的工作，这种日子持续快一年了。欧文极度渴望证明自己以打破人们对他的偏见——缺乏经验、无能，只能做些卑微的工作等。他决定了，他想要成功，不是那种简简单单的成功——而要让人铭记在心。为此，他必须选择一只无人问津的股票，并获得巨大的回报。并且，这一单必须由他自己操作，绝无二人。

但是面对众多繁杂的股票代码和数字，欧文跟其他分析师一样感到非常迷惑，觉得无从下手。他所掌握的也只是一些破碎的而且经多人修改的金融模型，没人晓得它们是否真的管用。有的公式从没灵验过，甚至有的指标都不相关。可笑的是，有时表格中的字体和颜色竟不统一。欧文曾经对此类模型表示过极度怀疑，但他的老板命令他照此操作，他也只好听之任之。

他开始研读报告，下载了所有他能找到的资料并做好笔记。可悲的是，几周之后，他几乎认不出曾经奋笔疾书的潦草笔迹了。这种纯粹的研究方法看来是不行的，欧文只好采取其他策略。

通过朋友，欧文知晓了一位在一家业界知名的证券公司任职的分析师，他也在资产管理部门。欧文揣度，该分析师可能掌握更好的金融模型，他可以借来分析股票。

在此动机的驱使下，欧文开始经常请他的朋友吃大餐以求结识那位分析师。在这奏效之后，他就从头开始，以酒肉相待，竭力讨好那位分析师。那种殷勤甚至超过对自己女朋友的照顾。然而欧文不想放弃，他梦想有一天能成为分析师中的新星，如果这就是代价，他在所不惜。

一天，欧文终于像求婚一样鼓足勇气对那位分析师“表露心迹”：“嗯，其实我现在在对 REITs 做一些研究。我想看看，你是否可以给我分享一些你的模型呢?”

“当然!”那个分析师毫不迟疑地说。

欧文在内心欢呼，正所谓“拨开云雾见天日，守得云开见月明”。欧文充满了希望，内心激荡不已，他已经做好“重生”的准备了。

周一，欧文一次次满怀期待地检查自己的邮箱，直到那份神圣的模型出现在他的收件箱——两兆字节，还算大。

“是它，”欧文嘟囔着，“就是它。”

在那些数字印入他眼睛之前，欧文还是满心欢喜。但当他看过工作表后，脸上的笑容消失了。

“等一下，”他低声说，“这是什么东西？”

电子表格看起来不错，秩序井然的。它上面的数字已经有一致的格式，并有逗号作为分隔符，以方便阅读，在左上角甚至还有货币符号。它看起来也相当详尽，一排排的会计科目，就像他的牙齿一样整齐。但是，模型仅更新到2013年，而且大部分是硬编码的。

欧文感觉要哭出来了。他为之不辞劳苦、满心期待的这神圣的一刻，竟然是这样。“为什么……”他反复喃喃自语。他打电话给那个分析师，但这一次，他的语气不像以前那么友好。“兄弟，这是属于我的知识产权，能跟你分享的就是那么多了。”那家伙说道。

欧文深吸了几口气，努力控制自己的情绪。他想证明自己，不想再做那些“打杂”的工作了。

在剩下的一天中，欧文试图摆脱这种沮丧，但他仍然无法集中注意力。他所想的就是为什么他还不能实现他的抱负。在无助和不知所措中，他决定放弃那种试图通过一种不切实际的方法识别完美股票的意图。他只好又重拾那些他曾学过的基础知识。是的，他从市盈率开始了。

每个人都知道，应该“低买高卖”。但问题是，如何确定某个时候股票价格是高还是低。利用市盈率，欧文很快就能够识别哪些股票处于低位交易。一只特别的股票，引起了他的注意。那是一只规模庞大且发行良好的亚洲REIT，但其市盈率仅为8，其历史平均水平是12。欧文很奇怪，他想知道：它为什么这么便宜？

他开始利用一些更具针对性的手段进行研究，试图理解为什么这样一家受人关注的著名企业，其股价却如此之低。除了人人担心房地产泡沫破裂之外，研究报告上并没有什么重大的危险信号。

房地产泡沫真的会破裂吗？欧文再次做了大量工作。对于该问题有两种观点，一种认为房地产市场已经过度膨胀，短期内就会破裂；另一边则认为尽管一些经济指标下滑，但是房地产市场绝不会崩溃，因为它对该国经济增长的贡献是不可替代的，不管发生什么事，政府总是会尽力支持房地产行业，甚至会为其注入资金，调整相关政策。

突然，欧文开始感到兴奋。他觉得一鸣惊人的机会来了——如果房地产市场稳住，该 REIT 股价会以此获益，很可能会升高。如果泡沫破裂了，这将是他做过的最糟糕的决定。当然，巨大风险促使他去获取该公司更多的信息。

该公司的管理很到位，而且在过去几年中取得了很好的业绩，无论是在资产营运上还是为企业带来现实利益的大型收购上。事实上，该公司的管理层持有本公司的一定股份，由此激励他们为公司的前途而努力。资产出租率在 95% 以上，而且没有大量即将到期的租约。尽管其杠杆比率接近国家的限制水平，但通过检查并没有发现该公司有即将到期的重大债务压力。

欧文研究得越多，就越觉得该公司的市盈率过低，欧文并不认同是由于公众认为房地产市场泡沫将破裂。尽管有风险和不确定性，但他决定递交一份报告来说服老板买进该 REIT。然而，欧文立马遭到了怒斥。

“你疯了吗?”老板问，“房地产市场现在非常不稳定。如果这家公司违约，我们将面临巨大损失。”

“但是老板，房地产市场不会崩盘的。就算崩盘，这家具有高质量的资产，我相信它不会违约的。”欧文回答道。

“你认为?”他的老板嘲笑道，“你懂什么？你还在吃奶的时候，我就开始干这行了！不要被这家公司的外表愚弄了。”

“我已经做好了尽职调查，”欧文说着拿出大量的资料，“请您看一眼。”

“我没有时间看这些垃圾，”他的老板喃喃自语，“好吧，这是什么样的版式？它的颜色根本不符合规定！”

“老板，你为什么不看看这个图?”欧文指着该公司历年业绩图恳求道。

“对不起，孩子，我得去个开会。下次，想到好东西你再找我。否则，就是浪费我宝贵的时间。”欧文的老板盯着他说，然后眼睛瞥向了门口。

欧文深受打击，尴尬地离开了房间。他的那些同事听到刚才的对话都在偷笑甚至发出卑鄙的言论。

“没有经验，还想给老板出谋划策。”他们这样说着，并不关心欧文是否听到。“如果这只股票真这么好，那他自己为什么不买呢?”另一位同事大声说。

“我会买的!”欧文说，突然打断了办公室的流言蜚语。他厌倦了假装没听见。“事实上，我将立刻倾尽所有买进它。我说过它的业绩会比第一季度报出的增长 15% 。”

整个办公室哄堂大笑。“去吧，”一个人说，“在投资界这将是一个很好的教训，一定是这样。”

欧文不在乎，他对自己的研究有信心。该公司的股票还处于低市盈率交易。只要没有剧烈的波动发生，股价就一定拉得起来。他的确不是说说而已，他将 80% 的积蓄尽可能地买进该股。从那天起，他每天监控这只股票。每次微涨即使只有一分钱，欧文也觉得是胜利，但他从未对任何人提起。几周后，办公室的人已经忘记他打的赌。他们甚至已经忘记欧文所说的是哪一只 REIT。但对欧文来说，那却是支撑他走下去的希望，可以说它比欧文经历过的任何考试都为重要。这不仅仅是对理论的考验，更是对实战的考验。

尽管欧文的分析没人信服，但事实证明他是正确的。仅仅 3 个月后，政府部门发布统计报告称，市场对房地产的需求依然强劲，对房地产泡沫破灭的担忧是没有根据的。这家公司股票的增长突破了 15% 大关，欧文决定出售他的股票套现。第二天，当他走进办公室告诉每个人他预测成功了，那真是一个值得骄傲的时刻。

一夜之间，欧文发现人们打量他的眼神变得不一样了，不再鄙视或嘲笑，而是用礼貌甚至尊敬的语气和他说话。他手里单调乏味的工作也随之消失了，取而代之的是要求综合分析和思考能力的工作。

故事启示

通过运用市盈率的基础知识，欧文不仅赚得盆满钵满，同时也赢得了同事们的尊敬。这是他的第一次重大突破，当然，也不会是最后一次。

## 单位资产净值

我们在第 3 章已经介绍过资产净值（NAV），现在通过单位资产净值（NAV per unit）来进一步叙述。这里的“单位”是指“股份”，单位资产净值 = 资产净值/总股数。

例如，如果“菠萝 REIT”拥有 100 万股份、1 亿美元的资产和 9 000 万美元负债。这意味着：

资产净值 = 资产 − 负债
= 1 亿美元 − 9 000 万美元
= 1 000 万美元

单位资产净值 = 资产净值/总股数
= 1 000 万美元/100 万股
= 10 美元

为什么单位资产净值对投资者来说如此重要呢？因为单位资产净值是 REITs 标的资产的反映。由于 REITs 的收益源自其下资产的收入产出，所以你得知道该资产价值几何。借助该指标，你可以将之与股价相比较。例如，如果股票交易价格是5美元而单位资产净值是10美元，则股票被认为是相对于单位资产净值的折价交易。如果你认为单位资产净值是可靠的，则该股票被相对低估；相反，如果股票交易价格是20美元而单位资产净值是15美元，则股票溢价交易。

你也可以借助单位资产净值去辨认由于杠杆过度而存在潜在问题的REITs。你不可能指望政府为你管制一切，从而保护你的投资不遭受任何风险。在一些国家和地区，如马来西亚、新加坡，以及中国香港，对于REITs的杠杆程度还有所限制；但在美国，根本没有这样的限制。此刻如果你在美国投资，你又该如何辨别某只REIT是否杠杆过度呢？这的确令人担忧，因为一些REITs在股东的压力下迅速扩张，可能会吸收部分风险极大的债务，从而加快收购的步伐。此时，单位资产净值就发挥作用了，由于其将负债纳入其中，因此最终结果将反映REITs的杠杆率。

如果你此刻已经欢呼雀跃庆祝你终于学会如何评估一只REIT的真实价值，只能说你高兴得太早了。正如前文所说，这些估值数字的确定很多是基于人的判断。因此，你应该去探究资产是如何被评估的，这会决定一只REIT的单位资产净值。

为何此举如此重要？因为每个国家都有政策规定REITs公开评估资产的频率。香港证券交易所要求REITs每年都需聘请第三方评估师，该评估师将负责评估其相关资产并随后公之于众。不要惊讶于你的REITs的资产净值增加了。通常情况，这是由于资产的重新评估，而不是它们采取了任何实质性措施使其资产增值。它们经常将这种额外的增加称为“再估值盈余”。进一步来说，REITs准则因国而异，各有不同，并非每个国家都要求每年进行一次再估值。在马来西亚，指导方针就更灵活，REITs资产重估为至少每三年一次。REITs的经理人该如何利用这种政策优势呢？如果房地产市场欣欣向荣，那他们会选择持续发布再评估报告，因为这将导致资产净值的增加，吸引更多的投资者，优化公司的资产负债表。反之，如果房地产市场不景气，那么你可以选择等待。这意味着，即使由于糟糕的经济状况，资产市场价值已经有所下降，但不必反映在资产负债表上，因为你可以选择何时再评估资产。REITs的经理人也承认了这种灵活性。例如，马来西亚规模最大的 REITs 之一杨忠礼酒店 REIT（YTL Hospitality REIT），近期宣布它将改变其每三年再评估的政策，2014 年 6 月 30 日起，它将在每个财政年度至少再评估资产一次。

我们并不是说再评估导致的资产净值增加就不好，大多数时候，资产的确是增值了。只是假如你投资的 REITs 一直过于频繁地使用重估来增加资产净值，你就要当心了，这会导致资产净值的贬值且诱发潜在的问题。

另一个缺陷是单位资产净值缺乏对未来收益与利润的考量，它就像快照一样只会考虑当前市场状况。如果你要权衡一只 REIT 潜在的未来收益，就请继续了解第三种方法。

## 现金流贴现法

现金流贴现（DCF 方法）估值是指估计未来一段时间的净现金流，然后使用一个适当的折现系数将其贴现得出现值，然后将该现值转化为 REITs 估值。当然，财务中的“贴现”不同于销售中的“折扣”。这是一个当你做投资并只能接受日后付款时必须学会运用的概念，它几乎适用于所有的投资，因为所有投资的重点都是希望在未来获得更高的收益。

确定折现系数的方法五花八门。它可能取决于你资金的成本——假如贷款的年利率是 5%，那么你就肯定想获得比 5% 更高的收益。或许，你还可以将风险纳入贴现因子——假设你投资的公司并不是很稳定，你可能会保守地提高贴现因子，以免情况会变得更糟，从而影响到你的盈利。

为了说明，这里举一个例子。假设你的资金成本是 5%，进一步假设你投资的公司有很大的可能只实现 90% 的预期收益。因此，你的贴现因子要考虑 15% 的执行风险。假设该公司允诺明年将给你 100 万美元的收益。通过应用贴现因子，实际的收益只有 100 万美元乘以 85%，即 85 万美元。

人们对现金流贴现估值情有独钟，因为它是三个方法中最全面的，殊不知这正是问题所在。大多财务模型设定的现金流贴现时期都为5～10年之间，但在此期间，任何事情都有可能发生。尽管分析师尽可能地建立最好的假设，但它是个庞大的工程，并且未来是难以预测的。

我们来看看这到底有多么抓狂吧。假设你想计算一款REIT的收益。REIT拥有多种资产，让我们为每种资产创建一个单独的表格。每种资产，你都需要植入你的假设。首先，你从计算收入出发，这要求已知租户数和出租率。但还没那么简单，你还要估计多长时间续签租赁合同、租约的期限等。比如，如果租约规定租金每三年上涨，该因素就必须被纳入考虑。考虑得越多，问题就越多，你也会越来越意识到你的答案不是完美无瑕的。比如，到底会有多少租户违约？以及何时违约？

但这还不是全部，我们还没有开始计算成本，维修工人的数量以及他们的报酬，保险又要投多少钱？还有折旧呢？资产提升的成本又如何估算？

最糟糕的是，你几乎不可能获得这些数据，除非你与REIT管理部门关系密切。由于这些限制，大多数投资新手无法建立模型，只好阅读分析师或经理人出具的报告。这些报告中都会指出他们所使用的估值方法，虽然你无法观得其全貌，但你仍然能够识别出关键性假设。

误解：分析师懂得比我多，所以我应该听他们的看法。

一些投资新手随便拿一份分析报告就奉若神明，尤其如果它出自知名的银行。他们不在乎是哪家银行，只要它是一家金光闪闪、名声响亮的国际银行就可以啦。

问题是：它不可能是万能的。股价起伏之间必定存在收益或亏损。此外，分析师几乎总是关注不同的股票，以及给出不同的目标价格。另一个问题就是：如果分析师毫无纰漏，那为什么他们到现在都还不是百万富翁？由此一来，你就会意识到，你不能尽信那些分析报告。可将其视为指导意见与分析工具，但做不到万无一失。最后，你要知道分析报告都是出自某个分析师之手而非银行本身。假设一位叫约翰（John）的分析师，开始在A银行任职，后来跳槽到 B 银行，那么约翰在前后两家银行所写的报告会有什么区别吗？区别不大，这就告诉你：不要仅被华丽的外壳所蒙蔽。

其实，识别分析报告好坏还是有办法的：首先，报告中所用的信息来源是否可靠；其次，其以往预测公司股价是否准确。其中第一条至关重要，对于一个模型来说，可靠且合理的假设是重中之重，而优质的信息有助于分析师构建良好的假设。例如，分析师会外出进行尽职调查，包括参观公司的实体厂址，采访公司管理层。他们还会努力拓展人际网，挖掘高质量信息。第二条是显示分析师绩效的一项指标。为此，一些分析师会将他曾经预测的目标价格和实际股价做对比图放在报告的附录里。

正如，如果 REITs 仅依靠单一策略经营，盈利亦难以为继。同样，只有多层次的分析才能选出最好的股票。试着去分析，但更重要的是学以致用。

**REITs 实战**

REITs 本身并不像外表看起来那么简单。组建公司，并拥有自己的网站和专业管理团队，这远远不够。下面的故事，会告诉你一只 REIT 是如何让你一无所有的。

## REITs 的骗局

那是巴里（Barry）的大四暑假，巴里紧盯着他的电脑，紧张万分，他不敢相信，他投资的 REITs 的赎回价格是每股 10 美元，而他的申购价格仅是 8 美元每股。“太棒了！”巴里边咕哝着边翻看着电子邮件。然而，巴里有点担心它可能是骗局，因此，他给代理人打了电话，寻求肯定。得到证实后，巴里开心不已，幸福感纵贯全身。这是他做的最明智的一个决定——短短两个月内赚了 20%，这可能甚至比沃伦·巴菲特都厉害。

那天晚上，与家人共进晚餐时，巴里宣告了他的胜利。

“我投资8 000美元购买1 000份REIT的基金。现在价值10 000美元。”巴里说。

“8 000美元?”父亲问道，“我不知道你居然有这么多钱。”

“这是我在自助餐厅工作攒下的钱，爸爸。”

“哇，”母亲喊道，看着她的儿子，仿佛他就是一个天才，“你还会追加资金吗?”

“目前我正在研究我的模型，看看是否需要吧。”巴里自鸣得意地说。他正在做的不过是几个数字堆砌的电子表格而已，但谁在意呢，这就是一个模型。

“当然，你得仔细考虑，”父亲说，“说不定会成为下一个苹果股票呢。你不要太快卖掉了，否则将来哪一天股票真的疯涨，你就亏惨了。想象一下，假如股票某天上涨到100美元，你就发大财了!”

“你说得对，爸爸，我会仔细考虑的。”

“我们的儿子居然是个投资家，”妈妈骄傲地说，“谁会想到呢?”

巴里回到电脑前，开始更仔细地研究REIT。它看起来棒极了，他开始后悔为什么没有买入更多的股份。每年，REIT会分配至少5%红利。其股价升值那么多，管理层一定很出色才能够实现。这只REIT现在表现非常好，现在出售，简直愚蠢至极。他的父亲是对的，倘若REIT的股价一直飙升呢?巴里开始筹划应该如何买入更多股票，突然，他灵机一动，为什么不现在买入更多股票呢?他将仍然能够享受好处，即使股价远高于他之前买的8美元。但是他从哪儿筹钱呢?

“妈妈，爸爸，”巴里说，“我认为我不应该卖掉股票，爸爸的判断是正确的。也许我应该继续持有它。”

“当然，孩子，”他母亲说，“我们永远支持你。”

“你们想和我一起投资吗?”巴里说，“我们想想办法，可以平分利润，或以后还给你们。”

“亲爱的，”母亲说，“我们当然会。你想要多少，我们会投资的。”真是太简单了，巴里对自己说。这难道就是成为投资家的感觉吗？这比在学校学习的金融棒多了，学校里一切都是理论性的，学习的都是从没有使用过的术语和计算公式。

毫不犹豫，他向父母借了1万美元，他倾其所有地投入了REIT，又买入1 000份。“现在，见证奇迹的一刻到了。”巴里低声说，之后点击了“确认”。

不久之后，巴里回到学校，忙于学业，不再有那么多时间盯盘。他只是偶尔来看看股价，看看他投资组合的变化。他一直等待着经纪人通知他好消息。

然而，巴里等来的却是平地惊雷。一封邮件给他带来了非常糟糕的消息。REIT不得不关闭了，因为它近期来一直谎报数据。收此噩耗，巴里几近晕倒，他疯狂地点击着邮件，迹象表明这是一个骗局。再一次，他拨响了经纪人的电话。

他无法理解，怎么可能会发生这样的事。他还收到了其他投资者的电子邮件敦促他加入REIT的起诉。“怎么会这样！”“请冷静，先生。”他的经纪人说。“但我不明白！REIT一直在回购股票，它也一直在支付股息。它怎么能够突然破产？”

“先生，股票回购并不意味着一切。据报道，REIT回购股票，只是为了在每单交易中索取较高的佣金。”

“什么？”巴里软弱无力道，“佣金？”

“它们安排了一家它们熟悉的公司来做交易，先生。初步报告显示，里边有一些利益冲突。”

“分红呢？”巴里哭了，“如果公司不做好，怎么可能支付股息？”

“REIT用股东投资的资本支付股息。先生，事实上，公司多年来一直在亏损。它们只是试图用股份来掩盖一切。”

“我怎样才能把我的钱要回来？”巴里问。现在，他多么迫切地幻想他已经以每股10美元的价格卖掉了股票。

“先生，我没有资格来劝你，但作为一个股票持有人，你的赔偿权益仍然排名最后。在资产清算的情况下，REIT 的债权人拥有第一索赔权。”

“所以你想告诉我，我什么都做不了？你为什么不告诉我一点更有用的?”巴里喊道，真是一个可怕的噩梦。

### 故事启示

不要被收益和利润所蒙蔽，REITs并非都是天使。一些REITs可能心怀不轨或用非法途径编造数据。你需要不断地研究，而不是轻信别人的一面之词就做出重大决定。

INTERNATIONAL REITs

第七章

# 构建投资组合

REITs 真的适合你吗？可以开始投资遍布全球的各类 REITs 了吗？构建投资组合因为涉及个人判断和一定程度的非理性因素，与其说是一门科学，倒不如说是一门艺术。

为何选择 REITs，而不是将资金投入收益最高的债券呢？既然债券已承诺高收益，那还犹豫什么呢？实际上，很可能你也知道债券发行人提供高收益是为了弥补其他方面的不足，比如债券可能存在风险，债券价格已经包含了潜在的波动性影响。并非人人都能承受高级别的风险。对于风险厌恶的人来说，购入此类债券可能意味着要紧盯价格，夜不能寐了。

为了构建终极投资组合，你必须像其他投资者那样预先考虑一些最基本的因素。这是必不可少的步骤，因为如果你不知道自己想要什么，那就永远都找不到适合你的投资组合。本章将介绍构建完美的投资组合需要考虑的一些关键因素。

## 风险偏好

所有投资者都想不承担风险而获得丰厚回报，但这不现实。如果只能承受低风险，可以投资债券和定期存款；如果喜欢刺激，可以考虑风险更高的投资，例如私募股权或风险投资基金。但不能单凭直觉做决策，可以通过以下几个方面合理辨别个人的风险偏好：

- **年龄**。年龄决定个人的风险偏好。年轻时可以承受更高风险，即使有所损失仍可工作几年赚回资金。跟已经结婚生子的人相比，未婚的年轻人的责任更少。越是临近退休年龄，风险偏好会越低，因为要赚回资金并不容易，所以人们显得更为保守。
- **收入**。高收入人士的风险偏好较高，因为他们承受得起更多的损失。如果收入刚够应付日常所需，那投资“高风险、高回报”资产并非明智之举。
- **开销**。不妨把个人看作一只 REIT：应该为自己计算下“利息覆盖率”，看看除了利息，还有多少可支配收入用于支付日常开销。有些投资者自律性较高，一旦蒙受损失，他们能够及早止损并调整风险偏好。但如果不能确定自己的风险偏好，就要限制自己投资的金额。这样一来，即使损失了初始资金，至少金额也有限，或者当成在投资市场上了一课。

## 回报速度

你希望在两年内让自己的资金翻番，并愿意在此过程中承担损失大量资金的风险吗？或者你是保守派，不愿损失钱财，那乐意接受较低的回报吗？又或者你是介于两者之间？

也有可能你是两者兼而有之。或许你难以做出决定或者决定了又会动摇。要知道的是，REITs 一般不会为你带来两年翻一倍的投资回报。如果你是进取型投资者，那么或许应该考虑其他投资策略，例如风险投资之类的高风险高回报基金。

如果你极度保守，也应知道 REITs 不能保证初始投入的资金能够完全不遭受损失。REITs 的股票价格总有可能下跌，从而导致你的投资市值减少。如果你不愿承担这些风险，或许定期存款会更适合你。

## 资产类别

大家都争相自诩为投资者，但究竟投资什么呢？即使从附近的加油站买几升汽油放在车库里，都可以被看作一项石油投资。如果是构建投资组合，那么你需要决定投资哪些资产类别。以下介绍一些资产类别的情况：

### 房地产

房地产投资一直盛行，并广受欢迎。在许多国家和文化中，买房是结婚的先决条件。你很可能看过不少宣传新开发项目的传单，也遇到过向你推介物业的中介代理商。

但在你决定购买物业之前，请考虑下列因素：首先，房地产投资一般需要大量资金。除了房屋贷款分期外，你须先支付首付。过去几年里，尤其是在亚洲，房地产价格暴涨，而政府屡屡出台政策为楼市降温。其中一个措施是提高购房首付的比例——某些国家可高达 40%。这对你有什么影响？以一个价格 100 万美元的物业为例，仅首付就需 40 万美元，而这可能还不包括印花税和其他税费等行政费用。如此巨大的先期投资可能已打消大多数投资者的投资念头。你是否也是其中一个呢？

其次，首付仅是买房的第一步。支付首付后，你仍须贷款。利率在经济情况好时维持低位，但经济状况差时将会提高，因此你将承受经济不确定性带来的风险。和 REITs 一样，你需要确保有足够资金支付利息，否则你可能会被强制申请破产。

再次，房地产投资流动性一般较低，这意味着所投资物业不能快速变现。除了罕见的减价出售情况外，物业交易很少在一天内完成。此外，试回想你花了多长时间来决定是否购买某处物业。是很快就做出决定的吗？未必。同样道理，要卖出你手上的物业也绝非一朝一夕的事。不管你愿不愿意，你很可能有一段时间要被此物业套牢，所以在付款前必须确定这就是你想要的。

## 风险投资和私募股权

如今，大众创业已成为新风尚，常常能造就市值数以亿计的并购和 IPO。白手起家的故事也并不少见。你也许听说过某些企业家艰苦创业，后来被大型跨国企业收购，摇身一变成为亿万富翁的。就像简·库姆（Jan Koum）和他创立的公司 WhatsApp 一样。

你可能会受到个别成功案例的激励，但别太乐观，每个成功故事的背后都有数以百计的失败案例。风险投资和私募股权市场就是高风险和高回报的。

VC/PE 基金属于流动性极低的投资产品。首先，此类基金投资于成立初期的企业。由于这些企业存在创业风险，因此相关基金很难获利离场，犹如在赛马中投注于最高赔率的马匹，若有幸中彩，回报将会非常可观，不过中彩概率极低。实际上，典型的 VC/PE 基金中，能够获利的基金仅占 5% ~ 10% 。其次，大部分 VC/PE 基金的存续期长达 10 年，因此投资者难以在数年间套现获利。

## 银行定期存款

定期存款是指投资者将固定数额的资金存入银行作为向银行借出的贷款。银行按固定利率定期支付利息，该利率按当时利率环境及存款期限预先厘定。

投资者开立定期存款后，在特定期间内不得提取款项，因此资金流动性较低。不过由于投资者仍可随时取消存款并放弃应得利息，因此其流动性仍高于物业。此外，通过存款获得的回报水平取决于存款期限。存款时间越长，回报越高，不过这也意味着投资者在此段期间将无法动用该笔资金。

由于利率固定不变，定期存款被视为十分稳定的投资产品，假设利率是 5% ，则投资者可保证获得 5% 的利率回报。利率下跌不会影响存款回报，相应地，即使利率上升，投资者也无法获得额外回报，这就是低风险投资所付出的代价。

定期存款的另一重要优势是保本，且有望赚取一定的利息回报，因此是避险投资者的最佳选择。然而，定期存款的投资回报往往低于其他投资工具。

误解：所有定期存款的利率完全相同。

不少新手投资者误以为，所有银行的定期存款利率完全相同。其实要争取0.1%～0.2%的额外利率并非没有可能。不同银行会各自厘定存款利率，因此投资者如选择以定期存款作为投资工具，事前应多做些研究。

## 高派息股票

高派息股票是指股息率较高的股票。投资者可能会有疑问：如何得知股息率是高是低？不同国家对高派息股票的定义不尽相同，因此股息率的参照标准因股票所属国家而异。以美国为例，我们通常采用美国10年期国库券作为参照指标。分析师报告中关于高派息股票的不同定义，可能会令投资者“无所适从”。股息率达4%的股票在某一国家可能被视为低收益股票，但在另一国家，则被纳入高派息股票行列。

大部分投资者认为，投资高派息股票是获得丰厚回报的捷径。一定程度上，此观点不无道理，但关键在于如何看待高派息股票投资。诚然，与低收益股票相比，高派息股票能为投资者带来更多股息回报，但投资者需要认清股息来源以及派息原因。当企业向股东派息时，资金从何而来？来自企业的备用资金。而企业执行经营策略及最大化股东价值所需的资金也从此处提取。派息会降低甚至耗尽所有备用资金，因此支撑企业长期发展的动力将会减弱，未必有利。

个别情况下，若某企业持续分派丰厚股息而不预留备用资金，可能反映出企业管理层没有好的经营策略，仅以派息取悦股东。在无任何增长或扩张计划之下，企业往往难以继续在竞争激烈的市场上立足，因此投资者对此类企业应保持警惕。丰厚股息虽好，但物极必反，高息往往难以持久。

## 债券

你申请过贷款吗？如果你是业主、大学毕业生或是车主，你可能已有这方面的经验。需要贷款的不单是财源匮乏的平民百姓，政府和大企业一样因种种理由需要借贷。政府需要贷款以应付资金需求庞大的公共项目，例如修筑大桥和街道照明等；企业则可能需要通过发债来收购新业务，进军新市场，或展开研究和建设开发工作。

不同之处在于，你可以直接向银行申请贷款，政府和机构却无法这样做，原因是它们所需金额庞大，往往超出一家银行的应付能力。为解决此问题，机构一般选择向包括你在内的广大投资者发行债券。

当你认购债券，其实是把钱借给发债机构。当然，你不会无缘无故把钱借出去。为吸引你投资，发债机构会承诺在一定时期内，派发预定利率的利息。贷款到期后，你就可以赎回债券，收回本金。

债券和银行定期存款有很多相似的地方。同样是把现金交给某机构保管，定期收取利息。除非发债机构的贷款违约，否则你保证能够收回本金。虽然违约情况极其罕见，但以往也不乏有关事例。穆迪和标准普尔等评级机构专门为政府及企业发行的债券评级。评级机构会根据不同的准则为债券评级，其中包括发债机构的违约概率。如果评级不甚理想，发债机构往往需要承诺更丰厚的派息，才能吸引投资者认购。

债券的风险比股票低，同时回报一般也较低。

## 共同基金

还记得以前和几个朋友凑钱买东西吗？凑钱可能是为了买生日礼物送朋友，或者只是一起吃比萨。共同基金的运作目的也大致如此。基金集合众多投资者的大量资金，用以投资股票、定期存款、债券或其他共同基金等投资工具。

共同基金的募集说明书会清晰说明投资目标。基金由专业基金经理管理，并就此收取“管理费”。他们会运用专业知识投资，为投资者争取高回报。投资共同基金具有以下多项优点：

- **分散投资**。共同基金通过买入不同股票或资产类别而达到分散投资的效果。除非你有大量资金可用于投资，否则难以即时达到如此分散的程度。
- **规模经济**。与众多投资者合资组成共同基金，你便可享有个人投资者所无法达到的规模经济。“规模经济”是什么意思？举个例子，如果我们在超市一次购买 20 条巧克力棒，单价会比只买 1 条便宜。套用到共同基金上就是说，通过集合资金，投资者得以大手买入股票，从而享受更大折扣。
- **流动性**。相对于 VC/PE 基金和房地产投资而言，共同基金的流动性更高。虽然不像在本地市场一买一卖般简单，卖出共同基金只需要很短时间就可以完成。每笔买卖都牵涉交易费用，加起来的金额可能比较大。
- **专业意见**。投资者可以享受专业基金经理的服务。如果你对投资缺乏信心的话，共同基金就是为你量身定制的投资项目，因为基金经理会负责管理整个投资。基金经理需要绞尽脑汁，为共同基金物色最佳股票。不过，世上没有免费的午餐，你的投资金额当中已包含基金经理的管理费，年收益率可能高达 5%，无论盈亏，他们都不会退回管理费。而且，选择共同基金并非代表高枕无忧，你还是需要仔细研究共同基金和基金经理的资质，确保你的投资不会所托非人。

不过，与债券和定期存款不同，共同基金并不提供固定回报。在交易所买卖的股票都受经济周期的影响，你的投资也无法避免。若你有所疑虑，不妨退而选择定期存款或政府债券。

## 交易型开放式指数基金（ETF）

你是否对 REIT 共同基金或某只 REIT 感到难以取舍？会不会因为随时可能损失数千元而噩梦连连？

如果是这样，为何不通过 REIT ETF 买同一交易所上市的所有 REITs 呢？REIT ETF 是指在交易所交易的投资基金，交易与股票极为相近。REIT ETF 主要投资于股票型 REIT 证券和相关衍生工具。ETF 属于被动型管理，主要追踪美国道琼斯 REIT 指数及美国明星公司（MSCI）REIT 指数。在交易所上市的当地 REITs 总值中，以上两者都涵盖了逾六成份额。此外，还有几个著名的指数，包括 NAREIT（全美房地产投资信托协会）指数、NAREIT 股票指数、NAREIT 50 指数（涵盖前 50 大上市 REITs）等。

这看起来是否很像共同基金？一半一半吧。ETF 的主要优势之一是让投资者按不同物业类型和地域进行分散投资。这种做法的分散程度更胜过共同基金，因为它是追踪指数表现，而这些指数已包含大部分上市的 REITs。共同基金需要聘请基金经理来管理，但 ETF 则属于被动型管理，这是 ETF 胜过前者的另一独特优势。除了初始经纪佣金外，ETF 无须收取年度管理费。若投资者不想花钱咨询专业投资意见，而又获得收益，ETF 可能是理想之选。

## REITs 的分散投资

了解了这些，你可能有兴趣大举投资 REITs，因为 REITs 不仅稳定且能提供有吸引力的回报，更具有资本增值潜力。然而，除非你有十足信心，并充分掌握投资对象的情况，否则不宜投资在单一 REIT 上。在建立 REITs 投资组合时，应进行分散风险布局。

其中一种分散投资方式是按类型划分。上文曾介绍过零售、工业、办公和住宅等不同类型的 REITs。切勿把所有资金押在单一 REIT 上。你应投资于不同行业的 REITs，避免过分集中在特定行业。

分散投资的金额是多少呢？这取决于投资金额。一般来讲，至少应分散投资于 5 个不同的 REITs 上。但有些情况下，分散投资也不是明智之举。假设你有 5 000 美元，并物色了 5 个 REITs，于是致电经理要求各投资 1 000 美元，经理便会收取每笔交易 50 美元的佣金。这意味着在进行投资前，你已经就五笔交易向经理支付总共250美元，占投资金额的5%，也相当于全年的股息回报。

或者你可以考虑投资共同基金。市面上有很多类型的共同基金，部分主要投资REITs。你可以物色一些REITs共同基金，进行基本的跨行业分散布局。与通过经理买入个别REIT相比，这种投资方式的门槛较低。不过，投资者务必仔细阅读购买基金的条款并注意收费条件。

另一个选择是综合型REITs。如中国香港市场的汇贤REIT（Hui Xian REIT），同时持有酒店与办公室物业，因此，买入汇贤REIT能涉足两种REITs物业类型。除了行业分散外，此布局尚未涵盖地域等范畴。因此，你也可以物色涉足广泛地区配置的REITs投资组合。近年来，越来越多的REITs采取分散策略，持有海外资产。如新加坡的凯德商用亚洲（CapitaMalls Asia）已进军中国、马来西亚、日本及印度等地投资物业。持有涵盖多个国家的REITs，便可分散地域的投资比重，降低因单一国家经济下滑而造成重创的可能性。以下案例说明了地域分布的重要性。2012年，飓风桑迪袭击美国，沿途造成极大破坏。灾区内逾1 600项物业是由REITs持有的，包括了309个办公室项目、169个零售项目及138个住宅项目等。像亚力山大（Alexander's Inc.）这样的全部零售物业资产组合都地处灾区的REITs就蒙受了重大损失。①

另一方面，如果手头资金充裕，你也可以考虑买入单一REIT。假设投资金额为15 000美元，你可以在各物业类型投入3 000美元，即使计算250美元的经纪佣金，也只不过是投资金额的1.7%，这样一来，佣金比例便算不上是大数目了。

最基本的REITs投资分布是持有5个不同行业的REITs，但最理想的做法是投资于最少10个REITs。以下提供了一种合适的投资配置方法：

- 两个住宅类REITs。

① www.snl.com/InteractiveX/Article.aspx? cdid = A-16167957-12580

- 两个商业类 REITs。
- 两个办公类 REITs。
- 两个零售类 REITs。
- 一个工业类 REIT。
- 一个医疗类 REIT。

虽然分散程度并无统一标准，但投资者不会质疑对它的实际需求。目前还没有统计数据显示何种分散投资的表现较好，所以投资者可视需要自行决定最佳的分散程度。

REITs实战

投资共同基金最差会怎样？是否可以媲美定期存款，至少不受损失？我们不妨从以下案例探讨共同基金经理为推销旗下基金会使用哪些手法。

## 共同基金，两败俱伤

斯坦·郭（Stan Kwok）相当自满，因为他年仅三十岁便升任为共同基金经理，管理近 1 亿美元资产。他逢人便称掌管“近亿美元”资产，而事实上，他管理的基金实际资产价值仅为 8 000 万美元。

“让我们好好庆祝一下吧！”斯坦在获悉自己晋升后立即用 WhatsApp 向好友们公布喜讯。这当中自然少不了他的老同学纳尔逊（Nelson），虽然同样身为共同基金经理，但双方任职的银行是竞争对手。斯坦对纳尔逊向来心存芥蒂，但不得不承认纳尔逊的事业成就又的确非常出色，这着实让斯坦眼红。如今斯坦终于升为基金经理，他觉得可以让纳尔逊看看自己才是他们中的佼佼者了。

在那个周末，斯坦、纳尔逊、亨利（Henry）和亚伦（Aaron）一行四人来到他们最爱的酒吧举杯畅饮。斯坦得意扬扬，主动请三位好友喝冰镇啤酒。

“哇！你可一向是铁公鸡，现在竟然主动请客？”亨利不忘嘲弄一番。

斯坦轻轻拍了拍亨利的肩头，悠然说道：“哥们儿我升职，当然由我请客！”

“啊哈，赚大钱了？有多少奖金？”纳尔逊啜了一口啤酒问道。

“当然！”斯坦佯装镇定，虽然他并无奖金。“生活简直越来越美好。银行刚把我的信用卡升级为白金卡，我打算买新车，但还没有选好。”

纳尔逊追问：“那究竟是赚多少？别害羞，快跟兄弟们分享一下！”

斯坦不禁窃笑，这可是他苦等多时的机会啊！终于要在兄弟们面前扬眉吐气了：“大概……是五位数吧。”为了保持悬念，他故弄玄虚。

“五位数范围可大了。可以是10 000美元，也可能是90 000美元，你再具体一点！”亨利插话道。

纳尔逊继续追问，“应该不少于15 000美元吧？”

斯坦又故作神秘地一笑，吞下一大口啤酒，用手背抹了抹嘴上的酒渍，缓缓点了点头。

纳尔逊又问，“至少20 000美元吧？”

听到这个数字斯坦差点儿呛到。他的薪水只有18 000美元，但纳尔逊猜的超出太多了，令斯坦始料不及。众人期待的眼神让斯坦面露怯色，他稍显迟疑地说，“嗯，如果把津贴也算在内的话……”

亨利说：“不不不，当然只算底薪，大家都拿津贴嘛。”

“就是啊。不少于20 000美元吧？”纳尔逊附和。

“好吧，”斯坦说，“如果不计津贴的话，没有。”

“没有是什么意思？是真的少于20 000美元？”纳尔逊问。

斯坦点点头，紧张地咽下了一大口啤酒，试图忘却兄弟们嘲弄他的嘴脸。

“伙计，差点儿就被你骗倒了。”亚伦大笑道，“我还以为你采到金矿了，原来只是赚得跟我们差不多。”

“是啊，该由我们请客才对!”纳尔逊说，“现在大家薪水接近，恭喜你追上我们!”

此时此刻，斯坦感到羞愧难当。

“纳尔逊说得对，这回就让我们请客吧。”亨利向服务员示意，为每人加上一杯冰镇啤酒。“你可要好好喝一杯，基金经理的活儿不好做啊。一方面你要绞尽脑汁向客户推销基金，另一方面却必须设法提高投资回报，吸引客户购买基金。正如先有鸡还是先有蛋的问题，因果难辨真是让人无所适从。”

这回轮到纳尔逊轻拍着斯坦的肩，深沉地说，“分析师的日子结束啦，准备迎接真正的挑战吧。”

* * *

这次聚会让斯坦情绪低落，本以为有机会炫耀一番，怎知落得个自讨没趣。但第二天一早，他重整旗鼓，下定决心要干出骄人成绩，让大家刮目相看。可是万一大家赚得一样多怎么办？没关系，斯坦对自己说，从现在开始加倍努力，提升基金资产规模，赚取更多的管理费，自然会让大家认为他才是最优秀的。

刚开始的几周，斯坦依然沉浸在升职的春风得意中。升职后他有了自己的办公室，不用再和同事挤在狭小的格子间。更重要的是，他那簇新的名片上赫然印着“基金经理 Stan Kwok”，他甚至从未觉得自己的名字看上去这样吸引人。

他打算继续专注于研究，但与以往不同的是，现在他手下有了一批分析师任由差遣。他喜欢称这些人为跟班儿，他要让跟班儿们相信，只要向他认真学习就能成为下一个沃伦·巴菲特。他一本正经地对大家说：“你们都听好啦，从现在起可以把男女朋友和亲人统统忘记，你们唯一要做的就是全身心投入工作，熟记所有上市股票和数据资料。”

看到跟班儿们一脸茫然，他愈加自信地说：“照我说的做，不出一两年，只要能成为星级分析师，你们就有机会。”

他略微停顿，继续说道：“你们就有机会成为下一个我，基金经理。”说完他意气风发地环顾四周，仿佛期待跟班儿们能马上附和。

“明白了，头儿。”其中一个跟班儿最终吐出一句。

“很好，现在开始工作。”他说，“我希望你们每个人为所研究的股票建立一个投资模型，周末前交给我。”

然而，此时此刻斯坦尚未意识到，升任基金经理虽然有一群手下可以调配，但还是要听命于自己的上司。而上司对他的态度并未因升职而有所改变。在升职后未满一个月的某天，斯坦便被他的上司林（Lim）先生“约谈”了。

“斯坦，恭喜你升职。”林先生说出开场白。

“非常感谢您给我这个机会，林先生”。斯坦说着心中再次升起一股自豪感。

“斯坦，我工作很忙，如果你不介意，我就开门见山了。”林先生继续说。

“当然不介意，您请说。”斯坦恭敬地答道。

“现在你已升为基金经理，工作职责不仅仅是研究。只埋头钻研是不够的，你应该真正开始履行管理基金的责任。也就是说，你要让更多客户购买你的基金，让客户满意。”

“明白。”斯坦口中称是却感到一头雾水。对他而言，他自认为工作表现无懈可击。

林先生继续说：“我们行的所有共同基金中，你的基金认购率最低，我希望你能尽快改变现状，否则很难胜任基金经理一职。如果你卖的基金无人问津，那研究的水平再高也没用。”

斯坦听罢顿时六神无主，他的基金认购率最低？怎么可能？

林先生看了一眼手表，追问到：“斯坦，你听懂了吗？我给你一次机会，希望你能做好，但你也要做出成绩证明自己。管理基金绝对不是埋头于办公室研究模型，你要承担更大的责任。”

“是的，您说得对，我会努力的。”斯坦用低沉沙哑的声音回答道。

“那就好。”林先生说。

斯坦步履蹒跚地走回自己的办公室，关上门便瘫坐在柔软的皮椅上。他应该如何是好？根本没有任何一本指南或秘笈可以为他指点迷津。他甚至不知从何入手。直觉告诉他需要联系行里的客户业务主管，因为他们是直接将共同基金销售给客户的人。他迅速找出银行的组织结构图，但当他看到负责销售共同基金的主管姓名时，心情顿时跌入无底深渊。

没错，正是他曾经得罪过的戴莉·刘（Terrie Liew）女士。斯坦不禁懊恼，为何当时要得罪戴莉？当年他还是一个碌碌无为的分析师，戴莉曾与他同部门，后来调往商业银行部。可以说他打从心里嫉妒戴莉，因为她毕业于名牌大学且工作更为出色。过去他们在一次合作中，工作出现延误的时候，斯坦出卖了戴莉。

“哪个部分是你负责的，哪个是戴莉负责的？”他的上司问道。

当时戴莉请事假，斯坦以为可以随心所欲，便毫无顾忌地说：“大部分都是我做的。”

“那戴莉做了什么？”上司追问。

“呃，她正打算休假，所以基本上什么事情也没做，都是我代劳的。”

“你很有团队精神。”他的上司边说边赞许地点点头。

戴莉休假回来后发现了斯坦的所作所为，但项目的所有成绩都已归功于斯坦。斯坦心里明白戴莉对此事怀恨在心，因为在这之后他们已形同陌路。如今，更别想戴莉会不计前嫌帮忙推销他的共同基金。怨恨已结，后悔迟矣。

斯坦感到十分无助，他拿起电话，不知道该向谁求助。迫不得已之下，他决定打给亨利。“嗨，兄弟，”斯坦故作镇定地说，“我有个小问题啊。”

“问吧。”亨利干脆地说。

“你有没有推销基金的好办法？我的意思是，我的基金最近表现还不错，我只是想了解一下这方面的情况而已。”斯坦不假思索地说。

“推销？那你得问问纳尔逊了，他可是推销基金的专家。好像不到一年时间他管理的基金资产规模就增长了近一倍！”

“这么厉害？怎么做到的？”斯坦追问。

“这我可不知道，你直接问他就行了嘛。”

斯坦放下电话，浏览了纳尔逊的脸书页面，不禁感到些许沮丧。纳尔逊似乎在各方面都比他更胜一筹。女朋友更有姿色，汽车更加昂贵，房子也比他的宽敞。但斯坦已走投无路，眼下他急需纳尔逊的帮助。无论如何，他必须暂时放下自己的虚荣心，拨通纳尔逊的电话。

“兄弟，你好啊。”斯坦立即寒暄起来。

“嗨，斯坦，有何贵干呀？”纳尔逊兴奋地说。

“其实也没什么特别的，”斯坦掩饰道，“你最近怎么样？”

“不错，不错。”纳尔逊说，“刚刚收到消息，我的共同基金大受欢迎！人们排着长队争相认购呢。”

“真的吗？”斯坦顿时直起了身子，打起精神问，这正是将纳尔逊引入正题又不失面子的最好时机，“老兄，你是怎么做到的？”

纳尔逊笑道：“这可不能告诉你。”

“哥们儿之间怎么还有秘密啊？”斯坦恳求道，“告诉我好不好，不然咱们出来喝一杯吧。毕竟很长时间没好好聊聊啦。”

刚开始纳尔逊有些犹豫，不过斯坦穷追不舍，最后只好答应了。斯坦想知道纳尔逊到底有什么秘诀能让人们争相认购基金。他是多么想让自己的基金也如此受欢迎啊！

然而，碰面之后斯坦意识到纳尔逊采取的手段非比寻常，甚至可能触犯法律。

“这可是最高机密，明白吗？”纳尔逊严肃地说：“我可以告诉你我的办法，但你必须发誓不告诉别人。”

“我发誓，我发誓。”斯坦迫不及待想揭开谜底。

“好吧。你知道我们怎么通过经纪公司买入股票吗？”纳尔逊说，“这些公司拥有最多的客户联系资料。实际上，有些公司掌握的股票客户资料甚至比银行还要多。”

“那你该怎么做？”纳尔逊继续说，“设法取得这些资料，接下来就要靠你自己的本事了。”

斯坦感到很困惑，想让纳尔逊再解释清楚一些。纳尔逊叹了口气，转了转眼珠显得有些不耐烦：“斯坦，你不如跟经纪公司谈谈？给他们高一点的佣金或者别的好处，作为回报他们肯定乐意帮你推销共同基金。天下没有免费的午餐，谁会无缘无故帮你推销？”

“啊？”斯坦恍然大悟，“可是……这不是违法的吗？”

“那就看你的本事了。”纳尔逊狡猾地眨了眨眼。

结束与纳尔逊的谈话以后，斯坦彻夜未眠。纳尔逊的这个计划听上去的确不错。要是他找经纪公司合作，基金一定会大卖，但究竟要付出多少代价？他的脑海中不断浮现着各种画面，却始终缺乏尝试的勇气，直到几个月后，林先生再次召见了他。

“斯坦，”林先生气愤地说，这次他连客套话都省了，“你管理的基金是我见过最差的。业绩跌到历史新低，解约率见顶。你告诉我，还有什么必要保留这个基金？我干吗还要在你身上浪费那么多资源？”

“对不起，林先生，”斯坦苦苦哀求，“请再给我一次机会。我保证让基金扭亏为盈。”

“别光说不做！”林先生吼道。

这次谈话让斯坦终于决定按照纳尔逊的建议跟经纪公司合作。一开始，斯坦并不知道该从何下手，便再次向纳尔逊取经。为了达到目的，斯坦不得不邀请经纪公司交际，坚持数周终于取得了经纪公司的信任。协议虽已达成，斯坦却觉得十分内疚。他安慰自己，这只是为了迅速让基金有所起色。当基金表现稳定后，他便立即撤销与经纪公司的协议。

无论如何，斯坦都要感谢纳尔逊的“雪中送炭”。自从斯坦与经纪公司展开合作之后，他所管理的共同基金认购量大幅攀升。林先生还在全部门同事面前称赞斯坦的表现，将他评为“月度最佳员工”。斯坦再次怀着自信心与自豪感在办公室趾高气扬起来。

但世事不可能一帆风顺。有一天，林先生发来好几条短信，要求斯坦马上过去见他。斯坦心想自己一定又要升职加薪了，于是欣喜万分地来到林先生的办公室，却发现林先生表情凝重。实际上，他甚至有些愤怒。“斯坦，你干得够漂亮的！”林先生气愤地说。

“您说什么？”斯坦摸不着头脑。

“别装傻了！告诉我，为了提高基金的认购量，你都干了什么？现在坦白还来得及！”林先生严厉地说。

斯坦心里一沉。他本想为自己的行为辩解，但似乎已无力回天。

“那么都是真的了？你还有什么要说的？”林先生继续怒斥，“你真是让我太失望了！我太高估你了！”

“求求您，林先生，请再给我一次机会吧。”斯坦哀求道。这个曾经不可一世的男子汉此时竟泣不成声。

“你被炒了！”林先生无视斯坦的请求，斩钉截铁地说，“我给了你多少次机会让你证明自己的实力。而你呢？面对现实吧，斯坦，你根本不适合这份工作。”

## 故事启示

基金管理的幕后流程鲜为人知，基金公司采取的销售及管理方式可能与销售公开说明书或宣传手册的描述大相径庭。在这个案例中，共同基金经理非法使用基金持有人的资金作为经纪人的推销佣金，以此提高基金的资产管理规模。基金公司可能为提高基金认购量而不择手段，因此投资者切勿将自己的资产完全放心地交由某一基金或基金经理进行管理。自己的财富亲自打理才最安心。做出投资决定前，切记应当全面了解有关投资产品的全部资料。

第八章

# 中国香港：亚洲之龙

如果提到中国香港，你马上会想到TVB（香港电视广播有限公司）的连续剧及中式点心。那么再多想一下，你是否想过如何从香港赚钱?

中国香港地区是亚洲最发达的经济体之一。看看那些成功从香港崛起的公司吧，你可能听说过取得巨大成就的怡和集团（Jardine Matheson），也肯定听说过亚洲首富李嘉诚。如果你想成功，最好视其为榜样并研究他们的成功之路。

那么怡和与李嘉诚有何共同之处呢?两者都异乎寻常地成功，不过更特别的是，两者都从香港房地产市场获取了巨额利润。听到这些请不要奇怪，香港绰尔小岛，土地供应有限。细看那些粤语的电视连续剧，你会发现那里公寓特别逼仄，少有家庭独门独院，街道也始终拥挤。香港地区人口密度实属全球罕见。那么这重要吗?如果基础条件摆在那儿，你可以确信房地产始终会是香港地区经济的重要组成部分。

尽管2003年中国香港政府就发布了香港版的REITs指南，直到2005年12月首只REIT才挂牌上市。虽然香港出现了一些创新性的案例，比如2011年的汇贤REIT是全球首单人民币REITs，但香港在REITs的发展方面相对其他经济体仍然落后。截至2013年年底，部分亚洲经济体挂牌的REITs情况如下页表：

| 经济体 | 挂牌 REITs 数量（只） |
| --- | --- |
| 日本 | 41 |
| 新加坡 | 28 |
| 马来西亚 | 16 |
| 中国香港 | 9 |

资料来源：www. worldpropertychannel. com/asia-paciftc-commercial-news/hong-kong-must-change-reit-rules-kong-kong-reits-china-reit-hong-kong-property-market-7725. php

这仅仅只是开端，毫无疑问，中国香港市场仍然有获利机会，特别是香港正在讨论及修订 REITs 指南。如果进行重大修改，REITs 领域将会产生制度性红利。当然没有人会喜欢变化，但变化有时会带来投资机会。如果你能捕获到别人看不到的机会，你就可以从中赚大钱。

## 挂牌上市要求及监管规则

众所周知，中国香港地区是全球最为透明的股票市场之一，并且具有相对较高水平的公司治理。不过，香港的 REITs 监管规则冗长晦涩，难得其要点。我们归纳为以下 6 点：

1. **要求有外部管理机构**：香港要求必须采用外部管理模式，并且外部管理机构需要获得香港证券及期货事务监察委员会（SFC，简称香港证监会）的批准。
2. **第三方资产评估机构**：要求一家第三方资产评估机构每年对 REITs 的资产进行估值。理论上这一点很重要，这使那些贬值严重或存在严重问题的资产可以尽早被剔除。但是事实上，这往往使房地产价值不断上升，造成 REITs 资产负债表上的资产端持续上升。源于香港地区土地有限，房地产价格不太可能下跌。因此，REITs 每年都可以宣布有所升值，这会对那些读不懂财报“言外之意”的投资者造成误导。如果资产价值被高估，亚洲金融危机这类危机一旦来临，REITs 会率先下跌。

3. **REITs 仅限于房地产项目**：条例规定 REITs 不得突破监管规定的基础资产范围去经营资产，这远比看起来更为复杂。你可能会理解为可以从事任何与房地产相关的业务，但事实上，REITs 不得买空地，也不得从事房地产开发，除非“开发”指翻新、装修、整修存量房地产。REITs 的资产用于购地、不产生收入项目及未完工房地产项目的比例，在任何情况下均不得高于 10%。这意味着，REITs 无法重建其房地产项目，即使其已经老化、衰败或即将崩塌。

   这条规定并非国际惯例，中国香港是限制 REITs 不得进行房地产开发的唯一发达经济体。相比而言，新加坡给予 REITs 更大的灵活性。例如，新加坡允许 REITs 最多可使用总资产 10% 的资金用于购地，进行投资目的的房地产开发。

4. **负债率不得高于 45%**：一般说来，负债是一把“双刃剑”。REITs 通过负债筹集资金，可以购买或改善资产，但同时高杠杆率也是一颗定时炸弹。在香港，REITs 负债不得超过总资产的 45%，这一负债率上限由香港证监会在其发布的 REITs 条例中设定。

5. **对投资者的限制**：香港 REITs 的募资额度存在一些限制条件，例如，养老金与退休基金可作为香港 REITs 筹资的主渠道之一。但养老基金对 REITs 的投资金额不得超过基金资产的 10%。而在新加坡，这一比例是 35%，在澳大利亚则没有比例限制。显然，对筹资渠道的限制会影响 REITs 的运营。①

6. **对租金收入没有特别税收优惠待遇**：作为香港 REITs 的个人投资者，你不需要对分红及资本利得缴税。但这并不意味着香港 REITs 是完全免税的。香港税则规定 REITs 的利润要缴税率为 16.5% 的公司所得

---

① www.worldpropertychannel.com/asia-pacific-commercial-news/hong-kong-must-chang-reit-rules-kong-kong-reit-hong-kong-property-market-7725.php

税，不可避免地降低了 REITs 可分配给投资者的红利。如此一来，其实你的分红已经被事先征税，只是不直接对你个人征税而已。

介绍至此，你对香港是一个充满生机与自由的 REITs 市场的认识可能已经消失。但是，这些不应是让你远离香港 REITs 市场的理由。因为制定严格的规则，使 REITs 有序发展，旨在保护投资者。更进一步，如果你想参与投资中国房地产，诸如汇贤 REIT 这类香港 REITs 毫无疑问对你极有吸引力——汇贤是一只由李嘉诚发起设立的、人民币计价的 REIT。

总体上看，恒生 REIT 指数（HS-REIT）收益率高于恒生指数（HSI）。2013 年，恒生 REIT 指数的分红收益率大约是恒生指数的两倍，分别是 6.1% 及 3.1%。

更重要的是，我们可能正处于一个关键时点，香港 REITs 指南可能发生重大变革。一旦实现，REITs 将获得更大的上升空间，你也可以赚更多的钱。一些预期中的变化可能允许 REITs：

- 从事房地产开发业务，不超过总资产的 10%。
- 投资金融产品，不超过总资产的 25%。

还有其他一些提议，比如，取消 REITs 的所得税，使 REITs 合并更容易。但是，上述建议并未列入香港证监会的建议修改稿中，因为这些问题已超出其权限，需要香港政府出面修改政策。由此，不要对不确定的改变过于乐观，重点关注是否放松对房地产开发及投资金融产品的限制。这些变化将有利于香港 REITs 市场的发展，特别是对大型 REITs。

为什么？假设你是一只小型 REIT。你没有银行储蓄，每月刚好收支相抵；你没有购置房地产并不是因为政府限制，而是囊中羞涩。但是，这些改变对大型 REITs 是实质性利好，可以通过更多方式扩张资产，比如房地产开发。并且它们没有理由不这么干。毕竟，它们精通房地产业务并且有资源做这些事情。

# 中国香港市场前景展望

中国香港的 REITs 市场预计将由旅游、零售及办公楼等行业所驱动。每个行业都有很强的基础性驱动因素，以及对其成功非常关键的政府支持。

## 旅游行业

我们都知道，收入等于价格乘以数量，这两个因素是评价一家公司前景最为重要的因素。

在旅游行业，数量取决于游客的流量。有哪些方式可以推动旅游业发展呢？其中之一是吸引更多的游客。例如，美国有很严格的签证制度。如果美国放开限制，任何人都可以来美国，到美国旅游的人数毫无疑问会增加。

同样地，为了增加游客数量，中国香港政府也采取了如通过自由行计划允许中国内地游客以个人身份到访香港的方式支持旅游业发展。之前，内地居民只能通过商务签证或团队游的方式到香港。现在，即使还没有鼓励非内地中国人到访香港，但这一政策对香港旅游业已产生深远的影响。2003 年开始实施自由行计划，到 2012 年，当年有 4 860 万内地居民到访香港。而 2002 年的人数是 1 660 万人，增长了 193%。试想在 10 年内获得 10% 的收入增加都备尝艰辛，193% 的增长确实来之不易。

那么，这是否使得旅游收入有所增加？是的，收入增幅甚至超过人数的增幅。事实上，同一时期旅游收入从 1 120 亿港元增加到了 2 800 亿港元。

收入取决于数量与价格，收入增长快于游客增长，那么人均游客消费一定增加。

进一步分析，同一时期，内地游客贡献收入占香港旅游业总收入的比例从 51% 上升至 67%。这意味着，内地游客不仅数量增加，并且支出增加，是香港旅游收入的主要驱动因素。更进一步，如果你想预测香港酒店类 REITs 的前景，最好从内地游客的增长趋势开始分析。在近期到中期，内地游客会继续促进香港旅游业的发展。

## 零售行业

我们已经讨论了旅游业的重要性，如果深入分析，很快就会看到很多事情都是相互关联的。由此，让我们退一步，联系日常生活——无论何时，当看到游客成群结队时，你总可能看到他们拿着购物袋在商场购物。这表明旅游业是零售业的核心驱动因素。

这种关系的加强，源于香港不再显得那么遥远。中国内地与香港之间的交通改善，比如，内地诸多城市与香港之间航班数量增加票价降低、连接深圳与香港的火车等，使旅游业与零售业之间的关系日益紧密。

还有众多其他因素使香港成为今天的购物天堂。其一，香港的商品貌似更物美价廉——尽管事实可能并非如此。其二，可供选择的商品种类繁多。如果你在香港逛街，就会深刻体会到这一点。几乎世界上每一个奢侈品品牌在香港都有旗舰店，此外，你可以根据预算采购到任何需要的时尚商品。这里有诸多迎合精品购物者的百货商场，还有优衣库（UNIQLO）及 ZARA 等快速时尚商店。

这些趋势是如何影响物业租赁及你所感兴趣的 REITs 的呢？香港的租金突升猛涨，按照高力国际（Colliers）提供的数据，以皇后大道一带为例，2002 年至 2012 年香港店面租金价格上升了 400%。

如何综合考虑这些信息，应用到你的资产配置决策中呢？如果旅游是零售业的核心驱动力，就要重点考察在热门旅游景点或地铁等交通枢纽附近拥有购物广场的 REITs。深入挖掘力求洞悉内地消费者的行为，预测哪些购物广场会成为金矿。切记尽可能深入一线，或者向能提供帮助的香港朋友求助，防止仅凭想象，确保万无一失。

## 办公楼

毫无疑问，中国香港是全球首选的商业胜地之一。你可能曾经深挖招聘广告寻求工作机会，你会注意到众多大公司，特别是跨国公司在香港都有分支机构。金融机构尤其如此，香港作为国际金融中心，是进入中国内地的门户。由于香港企业所得税率低，法规与国际接轨，中国香港地区已经发展成为与伦敦、纽约比肩并立的国际金融中心。

再一次考察政府政策，你会发现，中国内地与香港之间的联系日益加深。2004 年，中国香港成为全球首个人民币离岸交易中心。目前，香港拥有中国内地之外的最大的人民币资产池，成为首选的人民币交易中心。2014 年中国政府实施沪港通，打通了香港与上海股市。细读政策你会发现，中国香港与内地之间的交往有双向通道，一方面国际机构想通过香港进入中国内地，另一方面中国内地机构也涌入香港。香港政府统计处披露，在过去 10 年内，在香港设立分支机构的内地公司数量增加超过 3 倍。对投资者来说更为重要的是，其中还有很大的上升空间。在香港拥有办公室的内地公司占非香港本地公司的比例不到 12.5%。你可能对此感到失望，看起来相对外国公司比例太低。但是这可能是好事，随着内地公司的涌入，你会享受到高增长及办公类 REITs 的繁荣。

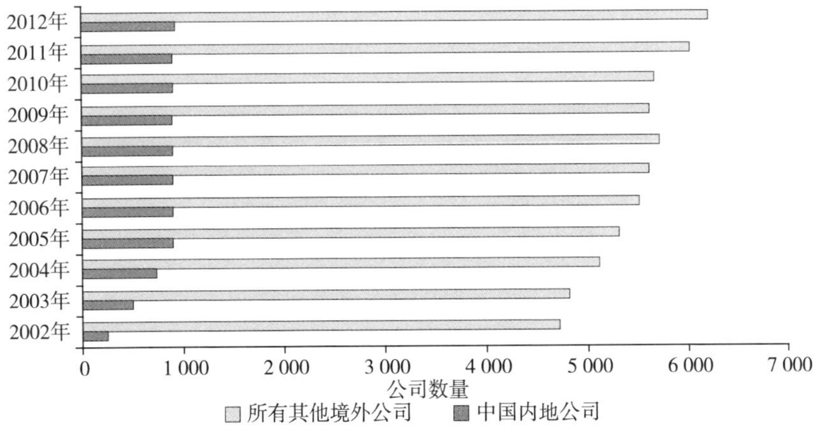


资料来源：香港政府统计处

大多数业余投资者会担心办公楼供应能否满足需求，然而你更应该考虑的问题是，办公楼供应何时能够满足需求？投资只是一个是与否的问题，但投资是否成功的关键取决于选择合适的时机。择时并准确预测未来，是核心问题。

那么，什么时候办公楼供应能够跟上来？那又需要考察政府政策。不论你考虑哪一类 REITs，都应该将政府政策列入主要因素。政府制定法规、决定开发区域及房地产供应量。千万不要低估了政府的影响，政府是决定你投资成功与否的关键角色。

香港政府考察香港办公楼市场后，认识到供应短缺，计划在 2020 年之前增加办公楼供应，计划实施大规模的开发项目，增加约 500 万平方米的办公面积。这意味着供应会增加，虽然不是马上。所以，短期内办公楼的需求还很强劲。①

办公楼的强劲需求体现在甲级办公楼的短缺，需求溢出到湾仔及香港东等位于郊区的办公楼聚集区。如果郊区都有旺盛需求，说明核心商务区的生意很好，即使搬到郊区也值得设立公司。

这简直好得难以置信？你能这么考虑说明你已经入门了。在下单购买第一只 REIT 之前，你需要进一步考察那些可能影响目标 REITs 收入现金流的因素。如果供应没有问题，那么需求是否存在问题。对于办公楼，一个威胁是许多公司不会租赁办公楼，想在香港长期扎根的公司可能会购买办公楼。并且，租赁合同谈判耗时较长，商业地产市场可能波动。这并不是说办公楼需求会降低，而是办公楼租赁需求可能会降低，两者存在明显差异。在分析目标 REITs 的历史出租率数据时，如果发现快速下降，需要详细阅读年报以分析其原因；如果是因为突然的经济下行影响整个办公楼市场，还可以接受；如果你的目标 REITs 出现单独下降的现象，且无合适的解释，就需要分析其原因并采取应对之策。

## 中国香港 REITs 概览

目前中国香港有 8 只挂牌的 REITs：领汇 REIT（Link REIT）、冠君 REIT

---

① http：//hongkongbusiness. hk/commercial-property/news/six-big-trents-could-shake-hong-kongs-office-market-2020

（Champion REIT）、置富 REIT（Fortune REIT）、汇贤 REIT（Hui Xian REIT）、越秀 REIT（Yue Xiu REIT）、泓富 REIT（Prosperity REIT）、富豪 REIT（Regal REIT）以及阳光 REIT（Sunlight REIT）。汇贤与越秀的基础资产在中国内地，都在香港挂牌。我们逐一介绍这 8 只 REITs。

## 领汇 REIT

领汇 REIT 可能是香港最广为人知的 REITs，它是第一只在香港股票交易所挂牌的 REIT，挂牌时间是 2005 年 12 月，香港 REITs 指南 2003 年生效。从市值看，它是香港最大的 REIT，是香港的政府资产首次实现 100% 私有化。[①]

| | 2012 年 | 2013 年 |
|---|---|---|
| 收入（亿港元） | 59.00 | 65.00 |
| 物业净收益（亿港元） | 42.00 | 46.00 |
| 单位派息（分） | 129.52 | 146.46 |
| 杠杆率（%） | 15.90 | 13.60 |
| 单位资产净值（港元） | 27.70 | 35.68 |

### 资产组合

领汇 REIT 专注于零售物业，包括购物中心、停车场、熟食店及生鲜超市。这些物业中，熟食店听起来比较陌生，属于香港文化的特有事务，指那些向香港居民提供熟食的售货亭子。总体上，领汇 REIT 拥有大约 100 万平方米的零售场所。

### 经营策略

领汇 REIT 主要有两类策略：资产提升及资产投资。

① www.scmp.com/property/hong-kong-china/article/1253403/hong-kong-reits-need-greater-flexibility

展望未来，领汇 REIT 已明确几项计划。排在首位的是，寻求股东批准拓展投资区域范围，重点是中国内地。目标区域会是广东省，定位于面向中等收入阶层的中端零售物业。不过，绝不会盲目投资，领汇 REIT 已经与内地房地产开发商万科签订一份不具有法律约束力的合作备忘录，共同开拓零售物业市场。

## 冠君 REIT

冠君 REIT 是仅次于领汇 REIT 的香港第二大市值的 REIT，2006 年 5 月挂牌。发起人是鹰君集团（Great Eagle Holding），一家在香港股票交易所上市的中国房地产公司。挂牌时最主要的资产是万国宝通广场（Citibank Plaza），包括花旗银行大厦、中国工商银行大厦以及一家零售商场。

| | 2012 年 | 2013 年 |
|---|---|---|
| 收入（亿港元） | 20.60 | 21.80 |
| 物业净收益（亿港元） | 16.70 | 17.50 |
| 单位派息（分） | 20.89 | 21.02 |
| 杠杆率（%） | 20.40 | 23.40 |
| 单位资产净值（港元） | 7.80 | 7.94 |

### 资产组合

冠君 REIT 专注于甲级办公楼及零售物业。挂牌以来，冠君 REIT 从其发起人鹰君集团购入朗豪坊（Langham）除酒店之外的其他资产，具体包括朗豪坊办公楼、朗豪坊商场以及停车场，资产规模得以扩张。

### 经营策略

冠君 REIT 专注于亚洲区域内的办公楼及商业物业。寻求通过内涵式及外延式两种策略增加资产。内涵式发展方面，侧重于与租户维持良好的关系，旨在提高续租率并确保稳定的租金收入。冠君 REIT 设定较高的租户标准，经营重心在高质量租户，以保证收入现金流的稳定性。外延式发展方面，侧重于拥有高质量租户或交通便利的物业项目。

## 置富 REIT

置富 REIT 是首只跨市场挂牌的 REIT，2003 年 8 月在香港挂牌，2010 年 4 月在新加坡挂牌。

| | 2012 年 | 2013 年 |
|---|---|---|
| 收入（亿港元） | 11.10 | 13.20 |
| 物业净收益（亿港元） | 7.88 | 9.28 |
| 单位派息（分） | 32.35 | 36.00 |
| 杠杆率（%） | 23.40 | 32.70 |
| 单位资产净值（港元） | 8.81 | 10.26 |

### 资产组合

置富 REIT 是一只零售 REIT，在香港有 17 家零售商场及物业项目。2014 年 3 月 31 日，17 家商场中的 11 家的出租率为 100%，其他 6 家最低的出租率为 97.9%。置富 REIT 同时也考虑拓展多元化交易组合，比如，现有租户的 60% 从事刚性需求零售业务。这为应对经济下行提供了缓冲垫，非刚性支出会率先下行，顾客的支付能力会受到负面影响。

### 经营策略

置富 REIT 擅长于资产提升策略，2013 年年度收入为 13.20 亿港元，同比增长 18%。2013 年，置富 REIT 出资 58.49 亿港元成功并购置富嘉湖，后者是元朗区最大的购物中心。这是置富 REIT 历来最大的并购项目，其总出租面积增加至近 30 万平方米，增长了 27.2%。并购置富嘉湖，促成置富 REIT 成功跻身新界西北区域。置富 REIT 认为，这一战略资产在满足内地居民及本地居民快速增长的需求方面，有很大的发展潜力。

通过有效的市场策略及主动灵活的租赁策略，置富 REIT 的资产组合运营非常成功。2013 年年底，总体出租率为 98.7%，续租租金调升率高达 20.4%，显示对其出租空间的强劲需求。

置富 REIT 着力于资产更新以增加收入，主要通过 3 个项目：纪念广场、置富第一城以及马鞍山广场。这 3 个项目都按时完工，凸显其较强的执行能力。

## 汇贤 REIT

汇贤 REIT 是全球第一只人民币计价的 REIT，由亚洲首富李嘉诚发起设立。

| | 2012 年 | 2013 年 |
|---|---|---|
| 收入（亿元人民币） | 26.50 | 27.10 |
| 物业净收益（亿元人民币） | 16.70 | 17.60 |
| 单位派息（分人民币） | 23.92 | 24.55 |
| 杠杆率（%） | 5.00 | 7.90 |
| 单位资产值净（元人民币） | 5.50 | 5.41 |

### 资产组合

汇贤 REIT 最初专注于北京的物业，最近已经拓展到其他区域，比如沈阳。汇贤 REIT 是一只综合型 REIT，基础资产属于多个行业，包括办公楼、酒店式公寓、零售物业及酒店。

### 经营策略

2014 年汇贤 REIT 将继续主动管理其资产组合，以激发内生式增长。汇贤 REIT 将执行资产改善策略，从现有资产挖掘盈利来源。例如，会调整到期租户以提升北京东方广场的租户质量。除内涵式增长外，汇贤 REIT 还考虑在内地进行收益增长式的并购活动。

## 越秀 REIT

与汇贤 REIT 一样，越秀 REIT 也是一只资产在中国内地的 REIT。①

| | 2012 年 | 2013 年 |
|---|---|---|
| 收入（亿港元） | 7.12 | 13.70 |
| 物业净收益（亿港元） | 5.07 | 8.60 |
| 单位派息（分） | 26.45 | 27.31 |
| 杠杆率（%） | 33.60 | 31.90 |
| 单位资产净值（港元） | 5.63 | 5.83 |

### 资产组合

越秀 REIT 专注于办公楼及零售物业，在广州有 6 项商业物业，总面积约 70 万平方米，都处于广州 CBD 黄金地段。

### 经营策略

通过近期对广州国际金融中心的并购，越秀 REIT 的收入增长 92%，物业净收益增长 70%。未来，越秀 REIT 将调整其财务策略，用境外资金替换境内高成本债务。越秀 REIT 正在与几家银行商谈，将大幅度降低利息支出从而增加盈余。

## 泓富 REIT

领汇 REIT 是第一只在香港挂牌的 REIT，泓富 REIT 是首只在香港联合交易所有限公司主板挂牌的私有部门 REIT。由亚腾资产管理有限公司［ARA Asset Management（Prosperity）Limitea］管理，在香港非中心区域拥有 8 项物业项目，零售面积约 13 万平方米，大约 500 个停车位。

① 越秀和汇贤的资产都在内地，但越秀不是人民币计价的 REIT，对原文将越秀 REIT 归为人民币 REIT 的说法进行了更正。——译者注

| | 2012 年 | 2013 年 |
|---|---|---|
| 收入（亿港元） | 3.08 | 3.42 |
| 物业净收益（亿港元） | 2.40 | 2.67 |
| 单位派息（分） | 14.00 | 15.00 |
| 杠杆率（%） | 20.90 | 22.40 |
| 单位资产净值（港元） | 4.24 | 4.57 |

### 资产组合

泓富 REIT 的多元化资产组合由 8 项高质量的办公楼及工业物业组成，总面积约 11.3 万平方米。

### 经营策略

泓富 REIT 主要投资办公楼、商业及零售物业，地段不太知名。为贯彻战略，泓富 REIT 已成功并购创业街 9 号，观塘区域的一栋甲级办公楼，泓富 REIT 的资产总面积由此增加至约 12.56 万平方米，增长 11.2%。这一并购使泓富 REIT 跻身九龙东区域。同时，泓富 REIT 致力于多元化其租户结构，以分散风险确保收入稳定性。

## 富豪 REIT

富豪 REIT 专注于香港本地的酒店类物业。

| | 2012 年 | 2013 年 |
|---|---|---|
| 收入（亿港元） | 8.44 | 8.66 |
| 物业净收益（亿港元） | 8.14 | 8.37 |
| 单位派息（分） | 14.00 | 15.00 |
| 杠杆率（%） | 22.80 | 29.80 |
| 单位资产净值（港元） | 4.84 | 4.89 |

### 资产组合

富豪 REIT 的资产组合包括 5 项主要的物业：富豪九龙酒店、富豪东方酒店、富豪机场酒店、富豪香港酒店及丽豪酒店。

### 经营策略

富豪 REIT 计划并购更多酒店以扩张资产规模，但对投资标的特别挑剔。目标酒店应位于大中华区域，处于市中心及热门旅游景点，具有较强增长潜力。为维护其高端连锁酒店的声誉，富豪 REIT 只并购获得四星级或五星级的全功能酒店。

## 阳光 REIT

阳光 REIT 拥有香港本地的 7 家零售类及 12 家办公楼类物业，总租赁面积约 12 万平方米。

| | **2012 年** | **2013 年** |
|---|---|---|
| 收入（亿港元） | 5.82 | 6.30 |
| 物业净收益（亿港元） | 4.48 | 4.90 |
| 单位派息（分） | 17.00 | 17.70 |
| 杠杆率（%） | 28.80 | 25.90 |
| 单位资产净值（港元） | 5.62 | 6.52 |

### 资产组合

阳光 REIT 的物业大多处于黄金地段，比如中环、上环、湾仔、尖沙咀。那些不在黄金地段的物业，也位于郊区的商业中心，如香港仔、油麻地、旺角及北角。零售物业战略布局于区域性交通枢纽，或者位于诸如将军澳、上水及元朗这类新镇。阳光 REIT 还有一些物业位于高交通流量的城区。

## 经营策略

阳光 REIT 已经执行几项资产提升计划，以改善其资产组合，吸引更多客流量。比如，对上水购物中心更换天花板及灯光，着手改善位于皇后东路 28 号的办公楼的空调及电梯等设施。

阳光 REIT 计划重组其贷款，以更好地管理资本。例如，将贷款期限重新分布于 2017～2020 年期间。

**REITs 实战**

下面讲一个想投资境外 REITs 的投资者的故事。她唯一的问题就是没有足够的时间去对想购买的 REITs 实施尽职调查。如何解决这个问题呢？有时，开拓思路就能走得更远。

## 远程投资

如果你去过香港，你会发现那是一个人多地少的城市。随便到一个地铁站，就会发现人群就像时钟一样运动，从来不会停止，也无暇相互交流。不过，你还会发现香港的高度发达和现代化。摩天大楼挤满城市，每栋楼上都有一家大公司的标识。

威尔玛（Wilma）记得她第一次去香港的情景。宾馆住宿费远高于她的内地酒店。她预期住所豪华，但是大吃一惊。她以为通向贮藏室的门却是通向盥洗室，窄得难以站下两个人。淋浴喷头装在墙壁里，与坐便器距离太近，以至于洗澡时不可能不把整间浴室弄湿。此时，威尔玛真正理解何谓“空间约束”。从此以后，她就热衷于投资香港房地产。随着经济增长，房地产不可能崩盘，唯一的走势就是涨价。

随后，威尔玛开始全面研究香港REITs，查看她能找到的每一份年度报告和分析报告。她请一位投资银行工作的朋友在彭博下载数据。为了了解当地人对她关注的REITs的评价，她到网上论坛看他们的评价帖子。威尔玛有一股劲，八匹马都拉不回。她遇到问题总是力求找到解决办法。但是，有一件事无法通过网络或电话解决：尽职调查。威尔玛希望亲力亲为，考虑到昂贵的机票与住宿费，财务上不可行。并且，她工作比较忙，不可能离开一段较长时间。

威尔玛冥思苦想，力求找到出路。她已经做了所有的调研工作，只需要完成最后的尽职调查了。她甚至已经搞清楚如何从海外购买香港REITs。不久后，威尔玛蹦出一个天才般的主意。如果我有一个朋友在香港就可以帮助我，想到这里，真是感觉茅塞顿开。但是找谁？威尔玛绞尽脑汁在脸谱朋友圈搜寻，还是无法找到一个在香港的熟人。并且，她需要找到一个了解房地产的人，而不是随便找一个人。这并没有阻碍她，威尔玛喜欢挑战，感受兴奋及刺激的感觉。

她回到原来了解当地人想法的网上论坛，找到发言最多的用户。该用户每天多次发言，其评价很有见地。尽管她不知道能否行得通，她还是给那位用户发了私信：

> 您好，幸会！我注意到您在这个论坛中很活跃。我是来自新加坡的威尔玛，我对您在论坛中给大伙分享的信息特别感兴趣。

让威尔玛高兴的是，那位用户很快就回复了：

> 威尔玛，幸会！我热爱投资REITs，我很高兴得知你认为我的评论有价值。如有需要，随时联系，我乐意提供帮助。——路易莎（Louisa）

就像约会一样，威尔玛几乎每天与路易莎发信，作为回报，她会替路易莎对其感兴趣的新加坡REITs做尽职调查。

> 路易莎，感谢您的快速回复！我对香港的REITs很感兴趣，感谢您

与我交流。我已经到尽职调查阶段，但我没有时间亲自去现场踏勘。能否请您代劳？作为交换，我可以替您研究感兴趣的新加坡 REITs。

尽管远隔重洋，威尔玛和路易莎建立起了友情，经常交换信息。每次路易莎为威尔玛去看现场，她的回复都会包括一些图片。威尔玛享受这个过程，视路易莎为朋友，她们还经常讨论 REITs 之外的其他事情。即使威尔玛下单投资香港 REITs 之后，她们还一直保持紧密联系。通过分享知识，除获得稳定分红外，她们每年还获得超过 10% 的资本升值。她们投资的那些资产，自己根本都没有去看过。

此路走通后，威尔玛决定更进一步。她希望在 REITs 活跃的其他国家找到更多的朋友。但她还是担心下一次是否还能如此幸运。在 REITs 论坛中找人并不靠谱，所以她决定开拓思路，另辟蹊径。

威尔玛脑洞大开，她建立了一个博客，将每天关于各项 REITs 的思考贴在上面，同时在论坛上公开发布。很快，威尔玛就收到无数评论，最有利的是，人们都信任她，因为她的博客上有自己的照片、简历及投资组合的收益率。这时，很多人向她寻求建议，她会尽快回复。更重要的是，通过她的博客，当她想投资海外 REITs 时，她的博客上有很多潜在合作伙伴可供选择。她往往选择那些之前发表精明言论的人进行合作。通过这种方式，她在每个投资目的地都有自己的“线人”，这些人能够从本地人的视角提出一些靠谱的建议。

不久以后，威尔玛的 REITs 组合已经遍布全球各国，但她很少去这些国家。她利用自己的知识与网上遇到的人进行交流，得到有价值的投资信息。

### 故事启示

进行REITs投资需要创造性，很多投资者对海外投资畏缩不前，感觉底气不足。但是威尔玛能够走出一条坦途，拓展国际网络。如果不去尝试，就难有收获。

INTERNATIONAL

REITs

第九章

# 美国：REITs的发源地

我们要感谢美国，不只是因为麦当劳或好莱坞，还有 REITs 投资，REITs 起源于美国。

艾森豪威尔总统 1960 年签署法案，引入一种投资于可产生收入的房地产项目的新模式，将房地产投资与股票投资两种方式的优势结合起来。在此以前，并不是所有人都能参与房地产市场的增长。只有大型金融机构或者富豪们才有机会购买物业并享有其收益。不是那么富的人群只能竭力争取，希望某一天能拥有一处物业。即使美梦成真，也不太有机会拥有一家酒店、购物中心或者办公大楼。这类物业只专属于一小撮人。

REITs 在美国获得长足进展。目前，美国 REITs 市值超过 9 000 亿美元①，平均每天交易额大约 40 亿美元。公开挂牌及私募 REITs 合计控制超过 18 000 亿美元②的资产，每年增长约 70 亿美元。③ 尽管半个世纪之前就引入了REITs，直到 20 世纪 90 年代才真正引起投资者的注意，随后 REITs 的市值快速上升。

---

① 原文数据约 3 000 亿美元，与实际情况相差较大，根据 NAREIT 2015 年 10 月数据更新。——译者注

② 原文数据约 700 亿美元，与实际情况相差较大，根据 NAREIT 2015 年 10 月数据更新。——译者注

③ www. reit. com/investing/reit-basic/history-reits

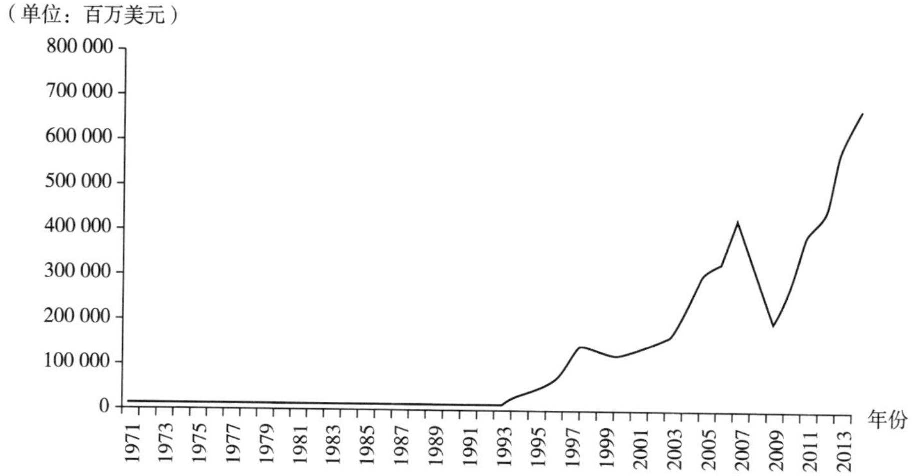


**美国 REITs 的市值增长情况**

目前，很多国家借鉴美国框架，在本国发展 REITs，截至 2013 年共有 34 个国家引入 REIT 架构。

## 挂牌上市要求及监管规则

不同国家有不同文化，即使在 REITs 的发源地美国国内，REITs 规则也可能存在差异，这一点不足为奇。在美国要成为合格的 REITs，应该满足以下标准：

1. **大多数资产与收入应当与房地产投资相关**。这一标准并不特别清晰，比如，何谓“房地产投资”？需要更加清晰的表述，对法律要求理解不到位，可能会产生严重的后果。应认真阅读，仔细分析。根据规则，REITs 持有房地产及现金的比例不得低于总资产的 75%，总收入中来自物业租赁、抵押贷款利息及房地产差价收入的比例不少于 95%。这些规则旨在防止那些并非专注于房地产的不合格的公司，浑水摸鱼享受 REITs 的优惠政策。
2. **至少 90%的应税收入要以红利方式分配给份额持有人**。你可能认为 90% 的比例过高，事实上，很少有人知道 1999 年之前这一强制性分配比例高达95%。这重要吗？当然。你的投资收益体现为分红金额，不要忽视5%的差异，1亿美元的5%是500万美元。但愿你在1999年之前投资过美国REITs。

3. **应当由董事或者受托人负责REITs的监控和管理**。就像其他上市公众公司，REITs应当有自己的董事及受托人，以维持对份额持有人的信义责任。简单说来，“信义”就是一种信任关系，作为份额持有人，你可以相信董事及受托人会照看好你的钱。
4. **份额持有人应超过100人，其中不得有5人及小于5人的投资者持有的比例之和超过50%**。技术上，一家房地产商可以通过自己持有的REITs来避税，然后将所有的红利分配给自己，享受免税待遇。聪明吧？任何人都会企图这样干，法规就是要堵上这种漏洞。因为不得有5人及小于5人的投资者持有比例之和超过50%，即使是强大的房地产开发商，也不能操纵REITs。
5. **有趣的是，对负债率或杠杆率没有任何限制**。是福是祸？都不是，你可能难以接受。众所周知，很多国家对负债率进行严格限制，防止REITs过度负债。然而，在美国却没有任何限制。美国遵循市场化理念，允许通过市场机制来确定REITs的负债率。这样，REITs的管理者就有更大的灵活性，来筹集更加低成本的资金。负债是最低成本的融资方式，但是可能极具危险性，不能偿还债务可能导致破产。甚至近几年，就有一些美国REITs，比如American Mortgage和Anthracite这两只REITs陷入破产。如果这些规模达百万级及10亿级的REITs都可以破产，单个投资者更不足为奇。小心为上——虽然美国REITs能更灵活地筹集低成本资金，但是应该通过尽职调查确保其是否能按时还债。

## 美国市场前景展望

本部分将全景式介绍美国REITs市场。

## 利率：为什么那么重要？

在美国，REITs对利率特别敏感。当然，所有人都对利率敏感，但是REITs更是如此，因为对负债率或杠杆比率没有任何限制。对于那些高负债率的REITs，利率的忽然上升会置其于死地。

你可能听说过伯南克与耶伦的名字，如果没有听说过，那就补课吧。为什么每次美联储发表声明市场都会波动？你可能认为这难以置信，但是确实如此，这些角色比其他人对你的投资影响更大。

简单说来，金融危机之后，美国降低了利率，意图推动消费刺激经济。通过刺激手段，美联储投入大量美元用于回购债券，拉低了短期市场利率。简单分析供求状况，当需求旺盛时，价格上升。对债券来说，收益率下降，借款则更加便宜。

但是，蜜月期不会长久。当利率忽然上升时，依赖低利率保持高价的REITs可能陷入困境。不是所有贷款都锁定为固定利率，即使采用固定利率，贷款到期后重谈利率，REITs也会有麻烦。

## 医疗保障与医疗救助：为什么需要关注？

之前提过，政府在决定医疗类REITs的需求方面，发挥着重要角色。在美国尤其如此，对医疗服务的需求实际上与医疗保障与医疗救助有千丝万缕的联系。

医疗保障与医疗救助，是美国联邦政府发起的社会保障项目，由联邦政府负责筹集资金。两个项目的侧重点各有不同，医疗救助侧重于帮助低收入及陷入财务困境的人群，医疗保障侧重于帮助老年人管理高额医疗费用。美国的各个州在具体执行这些项目时存在差异。例如，在加州，医疗救助称为加州救助。但是不要被名称糊弄了，在进行分析之前，需要研究特定项目的具体内容。

为什么需要关注这一点？政府行为应该像父母一样，对有需要的人尽力而为。居民的支付能力则取决于政府使用其财政资源的意愿。如果政府对医疗行业热情很高，医疗服务行业的前景就可以看好。从数量上看，2014 年 4 月有 6 500 万人需要医疗救助项目的支持，相当于新加坡人口的 10 倍，[①] 这一数字在继续上升。目前只有 25 个州接受奥巴马总统的新医改法案提供的对医疗救助项目的额外拨款，更多的州随即也会执行该法案。我们以一个州为例，分析 6 500 万人这个数字的意义。北卡罗来纳州每年通过医疗救助项目提供医疗安全网的经费就高达 130 亿美元，这足以说明政府的权力之大。

你已经接触到重要信息。但是信息就像美食大餐，如何精心准备或美味可口并不重要，重要的是你知道如何去享用。如果你想利用医疗保障政策获利，或者情况变化时脱身跑路，你从一开始就要认真研究，对你投资的医疗类 REITs 进行深入分析。比如，美国医疗类 REITs 的构成情况为：40% 是养老设施，30% 是护理设施，20% 是医疗机构，10% 是生物技术及其他。[②]

下一步，认真研究医疗保障政策。你要搞清楚医疗保障政策如何影响 REITs，只有认真研究才能搞清楚。例如，假如各州的新政策规定不再承担专业护理的费用，你最好从那些专注于专业护理设施的 REITs 中脱身，特别是那些客户主要依赖于政府保障项目的 REITs。

## 人口结构：更宏大的背景

如果 REITs 收入并不特别依赖于政府保障，你还应该更加深入分析。比如，健保物产投资信托（Healthcare REIT，简称 HCN），是美国资产规模最大的医疗类 REITs，80% 的收入来源于私人渠道，对政府的医疗保障政策的依赖性不高。[③]

那么，是否要将你的钱全部投入 HCN？如果你如此草率，可能损失惨重。

---

① http：//blogs. wsj. com/washwire/214/06/04/how-many-people-got-medicaid-from-obamacare-its-complicated

② www. cnbc. com/id/47980024#

③ www. nasdaq. com/article/an-obamacare-boost-for-health-care-reits-cm336904

你认为它好，可能很多其他投资者也是这么认为的，结果是其市盈率（P/E）会高于其他投资标的。美国买股自由，你可以买任何在纽约证券交易所上市的股票，巴菲特的伯克希尔－哈撒韦公司可能除外，其每股股价高达10万美元，你不一定买得起。但需要指出的是，即使你买得起，如果买价太高，股票价格下跌将会使你血本无归。股票价格的损失，会抵消你收到的红利。

也不宜过快下结论，还要看那些总体趋势，其中之一就是人口结构变化趋势。如果这些趋势对某只REIT有利，可考虑接受更高的估值。例如，美国有数量众多正在变老的婴儿潮一代。当他们老了以后，医疗服务需求会更加强烈。并且，因为这一代人数量众多，对HCN的影响会特别深远。其次，研究目标人群的支付能力，这与经济状况直接相关。如果人们越来越富裕，需要更高水平的服务，你就要找到能够提供这类服务的REITs。

如果你认真研究HCN，会发现其大部分资产是养老设施，婴儿潮一代对这类设施的需求会有增加。不过，养老设施不是在每个国家都走俏，在亚洲，传统文化希望多代同堂，养老院并未成为大多数老人的栖身之地。在美国与澳大利亚，养老服务业发达，很多老人选择到养老社区安享晚年。

由此，老年住房与医疗服务不一样，并非必需品。如果趋势表明老年人比重上升、更加有钱、愿意入住养老社区，就应去考察那些已经有良好运营口碑的REITs。

## 消费者信心：购物狂指数

如果你投资零售类REITs，你应该感谢那些购物狂，他们是你收益的最大贡献者。近期在美国，购物者的支付意愿上升。消费者信心指数，用于衡量消费者的支付意愿，从2013年12月的77.5上升到2014年1月的80.7。消费者信心来源于对经济发展前景的信心。

这一点为何这么重要？没有钱，人们没有办法购物。如果人们预期会发生经济危机，就会开始储蓄，支出就会下降，对商品的总需求也会下降。

如果消费者有信心，零售类REITs表现极佳。但是，你不能将投资决策基于某个指数或者一些数据。对于美国的零售类 REITs，正形成一个越来越大的趋势：逐渐成熟的电子商务行业。虽然零售业总体上没有损失，但是亚马逊与阿里巴巴已经消灭了很多传统砖头水泥类的商场。在美国，零售类 REITs 正在面对电子商务的挑战，力求自救找到生路。

## 更多就业，更多住房，更高收益

在美国，有很多住宅类 REITs。美国文化与亚洲文化存在较大差异，在亚洲租房不是常态。以纽约为例，你很少听说有人买房子，除非是巨富之家，一般人都租房住。

如果你对住宅类 REITs 感兴趣，你必须关注就业增长率这个指标。住宅类 REITs 为人们提供住所，如果没有足够的钱或者一份好工作，你只能与人合租。相反，如果你忽然找到一份高收入的工作，你会做的第一件事就是去找一套公寓。看看美国大学生毕业季的情况，很多毕业生成功得到纽约工作的机会，毕业之前很多房地产中介就会到校园寻找业务机会。即使刚毕业的大学生，对住宅类 REITs 的影响都很大。

在美国，就业市场正在改善。根据劳工部公布的数据，2014 年 1 ~2 月增加 3.7 万个就业岗位，3 月达到创纪录的 19.2 万人①。这些工作机会分布于服务业、医疗、采矿，甚至伐木业。

如果你想投资住宅类 REITs，你要找到那些工作机会正在增加的区域。这是需求所在，如果你能找到在该领域有良好口碑的 REITs，你就会占据先机。

## 工业类 REITs：面临电子商务浪潮

经济发展状况和工业地产需求紧密相关。随着经济反弹，需求也稳定增长。② 根据高力国际的数据，2014 年一季度美国工业地产的出租率已经提高，

① www.bls.gov/news.release/empsit.nr0.htm

② www.nasdaq.com/article/industrial-reits-time-in-the-sun-has-finally-come-cm332128

导致供应量逐渐增加。在工业地产领域，供应可以快速增加以满足需求变化，因为建设仓库的工期相对较短，最多不超过9个月。

电子商务的盛行同时有利于工业地产。工业地产总需求中占比超过30%，超过4万平方米的工业地产是与电子商务相关的。① 随着转向在线交易，很多零售商在转变其分销模式，以满足迅速增加的市场需求。这种转型需要大量有搬运功能和储存功能的工业地产，未来一段时间对工业类REITs形成利好。

### 商务类REITs：共享办公模式的兴起

根据高力国际的预测，2014年一季度美国办公楼的出租率已经提高，表明办公楼的市场条件普遍改善。经济条件的改善，提高了办公楼物业的使用率。

不过，租户们绞尽脑汁想提高办公空间的使用效率，已经出现几种模式。多个公司共用办公空间已经流行一段时间，想降低管理费用的新公司及其他小公司普遍采用。另外，共享办公（Hot-Desking）在美国也日益流行，多名员工在不同时段共用办公座位，据说可以节约30%的办公面积。② 这对商务类REITs不利，不过，很多雇主还未采用共享办公模式，因为还不确定是否会影响员工的劳动生产率。至今，已有数据表明，共享办公会影响商务类REITs，具体影响程度还有待观察。

## 美国REITs概览

自从美国推出REITs，美国市场已经有数量众多的REITs。我们介绍10只市值最大的美国REITs，按当前市值排名依次是：斗牛场不动产投资信托（Ventas REIT，简称VTR）、健康护理物业投资公司（Healthcare Property

① www. areadevelopment. com/logisticsInfrastructure/Q1-2013/ecommerce-requirements-bigbox-industrial-development-282861. shtml

② http：//sbr. com. sg/commercial-property/commentary/hot-desking-emptying-offices-in-singapore

Investors，简称 HCP）REIT、公平住屋（Equity Residential，简称 EQR）REIT、波士顿地产公司（Boston Properties，简称 BXP）REIT、普洛斯公司（Prologis，简称 PLD）REIT、艾芙隆海湾社区（Avalon Bay Communities，简称 AVB）REIT、HCN REIT、沃那多房地产信托（Vornado Realty Trust，简称 VNO）REIT、公共仓储公司（Public Storage，简称 PSA）REIT、西蒙房地产集团（Simon Property Group，简称 SPG）REIT。

## VTR

VTR 是美国规模最大的 REITs 之一，很少有人知道它曾经经历过破产。它之前的名字叫 Vencor。然而，由于问题堆积，Vencor 重组分设为两家机构。第一个实体就是现在的 VTR，拥有医院及护理院资产，原来的 Vencor 保留下来并替 VTR 管理资产。在 2001 年破产重组后，Vencor 改名为 Kindred 医疗服务公司。目前，VTR 与 Kindred 都在纽约证券交易所挂牌上市。

| | 2012 年 | 2013 年 |
|---|---|---|
| 收入（亿美元） | 24.85 | 28.08 |
| 物业净收益（亿美元） | 3.63 | 4.36 |
| 单位派息（美元） | 2.48 | 2.74 |
| 杠杆率（%） | 47.60 | 50.80 |
| 单位资产净值（美元） | 30.90 | 30.00 |

### 资产组合

VTR 拥有 1 400 项资产，分布于美国 47 个州、英国及加拿大的两个省。不仅地域上高度分散，资产类型分布于整个医疗产业链，资产组合包括老人护理院、自主养老院、门诊楼、高级护理院及医院。

### 经营策略

VTR 拥有高质量的分散化资产组合。与其他公募 REITs 相比，对政府医疗保障的依赖程度低。VTR 近几年积极参与数量高达几十亿美元的并购活动。最著名的并购包括：斥资 76 亿美元并购全国医疗不动产公司（Nationwide Health Properties，简称 NHP），以及 31 亿美元并购 Atria 老年服务公司（Atria Senior Living）。

## HCP REIT

HCP 总部在加州，HCP REIT 是一家全面整合型 REIT。它投资、并购及管理的健康服务类物业，分布于墨西哥及美国。截至 2013 年年末，管理资产价值超过 217 亿美元。

| | 2012 年 | 2013 年 |
|---|---|---|
| 收入（亿美元） | 18.80 | 21.00 |
| 物业净收益（亿美元） | 8.47 | 9.85 |
| 单位派息（美元） | 2.00 | 2.10 |
| 杠杆率（%） | 44.70 | 44.20 |
| 单位资产净值（美元） | 23.28 | 23.47 |

### 资产组合

HCP REIT 的资产组合在地域、运营商、投资者及客户类型等方面实现分散化。资产组合包括 1 079 项资产，分布于美国 46 个州及墨西哥，包括 16 家医院、444 家养老院、206 家门诊楼、111 家生命科学园及 32 家慢性病高级护理院。

### 经营策略

HCP REIT 希望与合作伙伴建立起互利共赢的工作关系。最近与特内特医疗保健中心（Tenet Healthcare Corp，简称 THC）成功合作，THC 继续租用 HCP REIT 的三家急性病医院。这次租赁合同的续约，HCP REIT 每年获得

2 300万美元的租金收入。同时，THC 集中精力并购了一家价值 40 亿美元的医疗机构。

除此以外，HCP REIT 还与布鲁克岱尔养老公司（Brookdale Senior Living）及伊迈瑞特斯公司（Emeritus）合作组建美国最大的养老院运营商。HCP REIT广交合作伙伴，已经扩展其并购团队，并购目标包括诸多领域内的运营商。

## EQR REIT

EQR REIT 是美国最大的上市公寓楼 REIT，管理超过 400 项资产。虽然其总部在东海岸的芝加哥，但 EQR REIT 的资产分布在 12 个州及华盛顿特区。EQR REIT 积极参与并购及开发新项目，在资产组合滚动发展方面也很活跃。EQR REIT 也是标准普尔 500 指数的成份股。

| | 2012 年 | 2013 年 |
|---|---|---|
| 收入（亿美元） | 17.48 | 23.79 |
| 物业净收益（亿美元） | 8.42 | 1.83 |
| 单位派息（美元） | 1.78 | 1.85 |
| 杠杆率（%） | 52.00 | 49.00 |
| 单位资产净值（美元） | 22.27 | 29.01 |

### 资产组合

EQR REIT 在 12 个州有 390 项资产，其中有一些是成长性市场中的高质量物业，位于西雅图、华盛顿、波士顿、纽约、洛杉矶及旧金山。

### 经营策略

EQR REIT 谨慎推进新开发项目，不像其他开发商期待新项目能尽快带来收入增加，其开发新项目的目的是扩充其资产组合。公司正在建设包括 4 000

套公寓房的开发项目，总投资成本约17亿美元。这些项目分布于多个地方，诸如纽约、西雅图、南加利福尼亚及旧金山。

除开发新项目外，EQR REIT还对其存量项目进行再投资。已经改造5 000套浴室与厨房，大约耗资4 500万美元。虽然耗费巨资，但这些改建项目会带来新生，可有效提升项目价值。公司希望吸引更多富裕租户，提高公司租金收入。

## BXP REIT

BXP REIT是商务类REITs，持有、管理及开发甲级办公楼，是美国最大的甲级办公楼业主及开发商，重点区域是新泽西、旧金山、波士顿、华盛顿及曼哈顿中心区。

| | **2012年** | **2013年** |
|---|---|---|
| 收入（亿美元） | 18.93 | 22.11 |
| 物业净收益（亿美元） | 2.90 | 7.50 |
| 单位派息（美元） | 2.30 | 2.60 |
| 杠杆率（%） | 60.40 | 61.60 |
| 单位资产净值（美元） | 33.60 | 33.20 |

### 资产组合

BXP REIT有超过400万平方米的甲级办公楼，还有3项住宅项目及4项零售物业。除了管理存量办公楼，公司还开发高级办公楼及郊区商务中心。BXP REIT正在开发7个新项目，拥有约116万平方米的土地储备。

### 经营策略

BXP REIT重点开发华盛顿、旧金山、纽约及波士顿等市场，这些都是增长潜力强劲的核心市场。公司希望并购那些逆经济周期的优质项目。2013年年初，公司进行了4项并购。其中，公司购买了旧金山市中心一个开发项目95%的权益，将建设旧金山最高的建筑。BXP REIT也在非核心市场并购一些高质量的物业项目，虽然租金低一些但可以实现资产分散。

除了并购，BXP REIT也开发新项目。目前有9项在建项目，总建筑面积27万平方米，总投资25亿美元。

## PLD REIT

PLD REIT是一家全球性工业类REIT，管理位于21个国家的约5 100万平方米的工业物业项目。在美国国内，PLD REIT的重点市场在西雅图、旧金山、迈阿密、纽约、洛杉矶、达拉斯、芝加哥及亚特兰大。在国外，运营区域有欧洲、墨西哥及日本。PLD REIT是标准普尔500指数的成份股。

| | 2012年 | 2013年 |
|---|---|---|
| 收入（亿美元） | 19.92 | 18.48 |
| 物业净收率（亿美元） | -0.40 | 3.43 |
| 单位派息（美元） | 1.12 | 1.12 |
| 杠杆率（%） | 46.20 | 38.90 |
| 单位资产净值（美元） | 27.04 | 27.29 |

### 资产组合

PLD REIT的资产组合包括约3 000项工业物业。除在亚洲、欧洲及美国运营外，公司扩大在中国及巴西两个金砖国家的投资。PLD REIT的客户超过4 500家，广泛覆盖诸如运输公司、零售商和制造商。公司任何一个客户贡献的收入，都不超过PLD REIT运营收入的3.8%。

### 经营策略

2013年PLD REIT完成一项称为“奋战10个季度”的战略行动，为未来发展奠定了良好基础。下一步战略聚焦3个方面：首先，随着全球范围内对工业物业的需求增加，PLD REIT可以从租赁业务及物业管理业务中提升价值，巨大的供应缺口会抬升市场出租率。从区域上看，PLD REIT预测业务机会在美国、拉丁美洲及亚洲。其次，PLD REIT会加强战略土地储备控制，确保土地储备资源的可持续发展。计划投资100亿美元，利用2 000万平方米的土地，目标是每年增加资产25亿美元。最后，PLD REIT已经在既有市场取得足够成就，有能力实现低成本增长。

## AVB REIT

AVB REIT是基地在美国的公寓物业类REITs，开发、购买及管理有较高市场壁垒的公寓社区。AVB REIT采用多方面策略，包括自行开发新项目及并购存量项目。AVB REIT是标准普尔500指数的成份股。

| | 2012年 | 2013年 |
|---|---|---|
| 收入（亿美元） | 10.22 | 14.52 |
| 物业净收益（亿美元） | 4.24 | 3.53 |
| 单位派息（美元） | 3.88 | 4.28 |
| 杠杆率（%） | 36.00 | 41.80 |
| 单位资产净值（美元） | 59.76 | 66.42 |

### 资产组合

AVB REIT管理270项公寓类物业项目，超过8.2万套房间，地域集中在东北、中西部、太平洋西北海岸、加州及大西洋中部海岸。

### 经营策略

2013年2月，AVB REIT出资65亿美元并购了公寓巨头阿奇斯通（Archstone），后者的资产都在AVB REIT的重点区域，有效补充了AVB REIT的现有资产组合。除并购外，AVB REIT 还致力于开发新项目，计划总投资 13 亿美元建设 13 个新社区。公司已经建成 12 个新社区，增加 2 900 套住宅。通过快速扩张资产，公司期待利用工作机会及收入增加的机会，当时预计 2014 年内分别增加 1.6% 及 5%。房地产行业面临增加住宅供应量的挑战，AVB REIT 力求满足相关需求。

## HCN REIT

HCN REIT 是医疗服务类 REITs，资产组合分布于整个医疗健康产业。HCN REIT 的资产包括位于美国 46 个州的 1 100 项资产。海外市场中，在英国及加拿大有项目运营。公司同时采用 RIDEA 框架下的三净租约及经营性租赁。HCN REIT 也是标准普尔 500 指数的成份股。

| | 2012 年 | 2013 年 |
|---|---|---|
| 收入（亿美元） | 18.05 | 28.81 |
| 物业净收益（亿美元） | 2.97 | 1.45 |
| 单位派息（美元） | 2.99 | 3.09 |
| 杠杆率（%） | 44.70 | 47.50 |
| 单位资产净值（美元） | 35.61 | 35.91 |

### 资产组合

HCN REIT 的资产组合由养老院及其他医疗类物业组成，具体包括老年社区、慢性病调养基地、门诊楼及生命科学园，均位于富裕的城市化地区。HCN REIT 的目标市场是那些收入较高的市场，并且出租率很高。

HCN REIT 的资产遍布美国、加拿大及英国医疗服务产业链，美国国内的 46 个州都有项目。依托广泛的网络，HCN REIT 已经与 110 家运营商及医疗系统进行合作，为公司构建起较高的进入壁垒及护城河。

## 经营策略

2009年以来，HCN REIT总资产增加205亿美元，同时剥离与核心业务不相关的19亿美元的资产。

为提高医疗服务的可及性，HCN REIT积极与各类合作伙伴建立联系，与资产管理机构加强合作。HCN REIT与行业合作伙伴在各个层次进行合作，还与高校合作以培养稀缺的企业家及医疗管理专业人才，将提升医疗服务提供水平。

## VNO REIT

VNO REIT管理一个高度分散化的资产组合，是一家全面整合型REITs，不仅持有物业，还开发、再开发及管理物业。涉及物业种类有商务物业及零售物业，地域上高度集中于华盛顿及纽约。

| | 2012年 | 2013年 |
|---|---|---|
| 收入（亿美元） | 31.97 | 25.70 |
| 物业净收益（亿美元） | 6.17 | 4.76 |
| 单位派息（美元） | 2.76 | 2.92 |
| 杠杆率（%） | 55.90 | 54.50 |
| 单位资产净值（美元） | 30.05 | 29.30 |

## 资产组合

VNO REIT拥有超过900万平方米的物业资产组合。① 在曼哈顿有31栋共180万平方米的办公楼，以及4项住宅类物业，还有55项22万平方米的曼哈

① www.vno.com/about/overview

顿沿街零售物业。在华盛顿，拥有 59 项 150 万平方米的办公楼，还有 2 405 套房的 7 项住宅类物业。

### 经营策略

VNO REIT 重点在纽约与华盛顿两个核心城市拥有最好的资产，公司沿麦迪逊街并购了多项物业。例如，购买了麦迪逊 650 号 20.1% 的权益，这个项目是一座面积达 5 500 万平方米的 27 层甲级办公楼。VNO REIT 还用 6 530 万美元买入 3 项曼哈顿沿街零售物业。为突出业务重心，VNO REIT 不断盘活存量资产，卖出 48 项非核心资产收回 35 亿美元，获得 9.28 亿美元的账面收益。其中剥离零售巨头彭尼（J. C. Penny）收款 18 亿美元，获得约 13 亿美元的利润。

## PSA REIT

PSA REIT 是规模最大的自助仓储设施运营商及资产所有者，是该领域的全球领袖。总部位于加州的格兰岱尔，是标准普尔 500 指数及金融时报全球 500 指数的成份股。

| | 2012 年 | 2013 年 |
|---|---|---|
| 收入（亿美元） | 18.88 | 20.39 |
| 物业净收益（亿美元） | 9.39 | 10.53 |
| 单位派息（美元） | 4.40 | 5.15 |
| 杠杆率（%） | 5.50 | 8.70 |
| 单位资产净值（美元） | 30.67 | 30.44 |

### 资产组合

PSA REIT 在 38 个州运营并管理 2 100 项自助仓储类物业，一直在进行全球化布局，在西欧 7 个国家有 190 项资产。

## 经营策略

2013 年 PSA REIT 付出 12 亿美元买入 121 项自助仓储类物业，这些资产位于弗吉尼亚、得克萨斯、北卡、南卡、麻省、佐治亚、佛罗里达、科罗拉多及加利福尼亚。除了这些并购项目，公司还投资 8 500 万美元开发及再开发物业项目。2013 年美国自助仓储类物业行业生意兴隆，经济条件改善，自助仓储服务需求增加。然而，由于供不应求，为 PSA REIT 节约了市场成本及推广费用，还可以提价享受供应短缺之利。

## SPG REIT

SPG 总部位于印地安纳州的印地安纳波利斯，SPG REIT 是一家零售类 REIT，是美国最大的 REITs 之一。SPG REIT 是完全整合型的，拥有各类零售平台，包括区域性购物中心、高级名牌折扣中心及社区中心。

| | 2012 年 | 2013 年 |
|---|---|---|
| 收入（亿美元） | 48.80 | 51.70 |
| 物业净收益（亿美元） | 14.35 | 13.20 |
| 单位派息（美元） | 4.10 | 4.65 |
| 杠杆率（%） | 76.60 | 77.10 |
| 单位资产净值（美元） | 18.93 | 18.69 |

## 资产组合

SPG REIT 开发、拥有并管理超过 328 项零售物业，总面积超过 2 200 万平方米。资产类型包括区域性购物中心、社区/生活中心及高级品牌折扣中心。SPG REIT 高度全球化，已经进入亚洲市场。

## 经营策略

SPG REIT 投入 10.5 亿美元进行合资及并购，在国内市场强本固基，并在国际市场跑马圈地。2013 年中，SPG REIT 宣布与欧洲品牌折扣中心龙头亚瑟格兰集团（McArthurGlen group）成立一家合资企业，从而跻身欧洲市场。目前，SPG REIT 在英国、荷兰、奥地利及意大利拥有品牌折扣中心。

除并购之外，SPG REIT 还在北美及亚洲新开 5 家新的品牌折扣中心，在日本与韩国开设折扣中心。韩国中心位于第二大城市釜山，有 180 家商店，共 3.3 万平方米的面积。在北美的多伦多开设了加拿大第一家高级折扣中心，有 90 家店，面积 3.33 万平方米。

REITs
实战

### 为何要重视医疗保障?[①]

托比（Toby）投资了美国一家最有前景的医疗服务类 REIT，这只基金已经稳步上涨达 8 年之久，完成高达几十亿美元的重大并购，有进一步增长及投资者获利空间。貌似完美，有着良好的历史业绩，充满希望的行业，以及美好的发展前景。

托比业余时间喜欢读他的 REITs 相关新闻，每次新闻要么是成功执行激动人心的战略，要么是挖到行业大佬加入管理团队，好像永远不会失败。托比每天痴情地看着股价走势，总是缓慢而稳定地上涨。有时也想兑现盈利，但是每次都是贪婪战胜了理智。他会跟自己说：“等再涨 5% 吧。”

由于在医疗服务领域的巨大成功，这只托比希望到其他领域淘金，开始

① www.bizjournals.com/louisville/stories/2003/01/13/story4.html? page = all

进入工业仓储领域。托比也忘乎所以，他给妻子买了项链、装修了房子、预定了去瑞士阿尔卑斯山的度假。他美滋滋地构想当他出货时，他可以如何享受收益。

这时，政府正在严肃讨论医疗保障政策，考虑是否调整医疗保障的功能。当托比吹嘘他的REIT有多好时，朋友们经常会给他泼凉水，“你还是要关注医疗保障政策动向。”

托比回应：“政客们总是喋喋不休，不会有什么大事，我的REIT战无不胜。”

但是，不到一个月，大事发生了。REIT发布了一个有冲击力的公告：将本财年收入目标值调降15%。托比懵了，再次读公告，15%？不可能！他不断读公告以确认信息的真实性。政策变化给了REIT很大的冲击，之前患者从医疗保障报销费用，现在设了封顶线，导致REIT不得不公告下调15%的收入预测。托比还是不愿意相信。“这只REIT会好转，它总是很棒！它总会很棒！”他信心满满，“现在是最好的加仓时机！”

基金一直在低位徘徊，像钢板一块。妻子提醒他，但他听不进去，反倒安慰妻子：“如果股价恢复，我们就能有比现在大一倍的房子。”

但是，几个月过去了，股价跌得更多。REIT取消了业务多元化计划，撤销已经投资几百万美元的工业地产项目，但还是不能减少损失，随时可能崩盘。

托比寝食难安，股票价格下跌，他的体重也在下跌。他唯一关心的事情就是他的宝贝REIT的表现。每次股价上涨一点点，即使只有一两分钱，他都会庆祝。但股价下跌时，他不断安慰自己——“跌下去的还会涨起来”。

然而，有一天股价急剧下跌。媒体揭露存在过度卖药给消费者的问题，这一事件成为压垮骆驼的最后一根稻草。REIT采取各种行动以挽救败局，开始抛售非核心资产以回笼资金，进行频繁的业务调整以挽回核心竞争力。遗憾的是，一切都已经无法挽回。不到两年后，REIT申请破产，托比血本无归。

## 故事启示

不能忽视政府政策。不管你的REITs看起来多牛，切不能低估政府改变局势的能力。

第十章

# 马来西亚：东南亚之虎

提及亚洲的REITs，大多数人视日本或新加坡为市场领先者。然而，很少有人知道，马来西亚在亚洲最先引入上市地产信托基金（Listed Property Trust，简称LPTs），LPTs是REITs的初始形态。首单地产信托基金，大马第一房地产信托（Arab-Malaysian First Property Trust），1989年8月在吉隆坡证券交易所挂牌上市。随后又发起了几单，First Malaysian Property Trust、国民投资产业（Amanah Harta Tanah PNB）和Mayban Property Trust Fund。然而，这些REITs的早期产品，表现不佳，主要归咎于严格的规章制度和一些其他因素，导致无法实现税收穿透。[1]

为了挽救投资者对LPTs的兴趣，监管机构在1995年修订了监管规则，但并没有成功激发投资者的兴趣。2005年2月，马来西亚正式将LPTs转型，发布REITs指南。例如，REITs可以免除税率为25%的公司所得税，借款额可以为资产价值的35%，提供了更好的增长弹性。这些措施确实激发起市场兴趣，随后引爆REITs市场。6个月后，Axis REIT于2005年8月上市，紧随其后的是马来西亚杨忠礼集团（YTL），一家著名的马来西亚巨头，将旗下万

---

① Ooi，Joesph，Graeme Newell and Tien-Foo Sing. "Th e Growth of REIT Markets in Asia"，*Journal of Real Estate Literature*，Volume 14，Number 2，2006，pp. 203-222.

豪酒店、升禧购物中心（Starhill Shopping Centre）和Lot 10购物中心（Lot 10 Shopping Centre）等优质资产注入REIT。

马来西亚政府为提高REITs的吸引力，采取了富有创新性的举措，率先实施零税率转换成本政策，鼓励公司设立REITs。而非REITs主体需承担税负，如印花税（名义税率为房地产交易价格的3%）、房地产增值税（最高可达30%，取决于处置时间）。由此，REITs表现得相对较好，收益率一直超过马来西亚政府支持证券，平均利差高达3.6%。[1]

尽管马来西亚挂牌REITs数量落后于新加坡，但上市数量在过去10年稳步增加。随着森那美公司（Sime Darby）准备合并一家REIT并注入一些房地产资产的消息传出，马来西亚REITs市场的增长可以期待。马来西亚资源有限公司（Malaysian Resources Corp Berhad，简称MRCB）正在与桂嘉REIT（Quill REIT）进行前期接触，计划将其位于中央车站（KL Sentral）的旗舰办公楼注入以换取现金及股权。[2] 这可能是马来西亚REITs市场的标志性事件，是首单通过资产注入获得REITs控制权的案例。

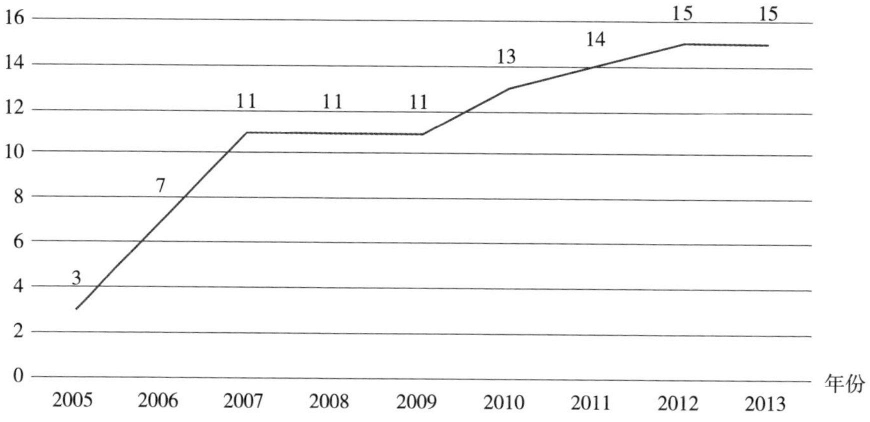


**马来西亚REITs数量**

① 马来西亚银行分析报告

② www.thestar.com.my/Business/Business-News/2014/01/28/MRCB-to-inject-asset-into-Quill-REIT/

除了获得比政府支持证券更高的收益率外，投资者喜欢马来西亚房地产的原因在于其潜在的高额增值。例如，在一年内，吉隆坡的房价上升了25.3%，伴随持续的资产改善、财务策略或并购。如果你曾经买入100万元的不动产，就可以获得25万元的净收益，真开心！

| 地区 | 平均房价（林吉特） | | 增长率（%） |
|---|---|---|---|
| | **2009年** | **2010年** | |
| 吉隆坡 | 389 906 | 488 536 | 25.30 |
| 雪兰莪 | 260 091 | 290 666 | 11.80 |
| 柔佛 | 148 566 | 166 799 | 12.27 |
| 槟城 | 226 303 | 265 124 | 17.15 |
| 马来西亚 | 197 722 | 233 270 | 12.92 |

资料来源：National Property Information Centre（Napic），Azlan Zamhari/Malaysiakini

为什么不直接投资房地产？除了需要大额资金，马来西亚政府已经采取措施遏制房地产市场过热，限制国内外资金进入房地产市场。在2014年公布预算时，首相宣布快速提升房地产所得税。新的税率高达30%。

| 出让时间（距离购买日） | 公司 | 个人（居民及居留者） | 个人（非居民） |
|---|---|---|---|
| 前三年 | 30% | 30% | 30% |
| 第四年内 | 20% | 20% | 30% |
| 第五年内 | 15% | 15% | 30% |
| 满五年后 | 5% | — | 5% |

如果你是外国人，则存在更多障碍。之前，只可以购买价格超过50万林吉特（大约15.71万美元）的房地产，这个数字对投资者相对合理，但是，现在只能购买超过100万林吉特的房地产。所以，直接投资马来西亚房地产并不容易。

## 挂牌上市要求及监管规则

1. **杠杆率不超过50%**。新加坡未经信用评级机构评级的REITs的杠杆率上限是30%，马来西亚REITs的杠杆率可达50%，弹性更大。之前马来西亚REITs的杠杆率上限是40%，增加的10%给REITs发展而融资提供了更多弹性。如果获得信托持有人按一般决议程序的批准，还可以突破这一上限。
2. **10%的较低公司税率，而不是25%**①。REITs的租金收入只征收10%的所得税，对应的正常公司税所得率是25%。另外，REITs处置资产时，股东获得的资本所得免税。这意味着当你出让房地产时，不需要担心你的收益会被征30%的税。
3. **投资者从REITs分得的红利需要缴10%税**。根据马来西亚2014年预算法，至少在2016年12月31日之前都会维持这一税率，你的收益的一部分会变成税收。
4. **至少90%的REITs税前净收益必须分配给投资者**。每半年或者一个季度分配一次，确保你可以获得稳定的红利收入现金流。②
5. **必须有外部管理人**。与新加坡一样，马来西亚的REITs监管规则明确规定，REITs必须聘请外部管理机构。
6. **本地人持有REITs管理公司股权比例不低于30%**。马来西亚的特殊之处在于，对公司都有本地持股的要求。对这一规则的判断，取决于你的立场。
7. **受托人与信托的管理机构，必须取得证券委员会批准**。这是对投资者的进一步保护，取决于你对证券委员会批准程序有效性的看法。
8. **REITs购买房地产的价格不得超过评估价值的110%，出售房地产的价格不得低于评估价值的90%**。此项旨在防止REITs管理机构滥用权

① 此处原书有误，修改为与后文数字一致。——译者注

② http：//kclau. com/investment/interview-reit-manager/#

力，高价购买资产或低价转让资产。

9. **不少于50%的基金资产必须投资房地产或特殊目的公司（主营业务包括房地产的非上市公司）**。为保持REITs不偏离业务方向，使普通投资者能从事不动产投资，否则会影响这一目标。这项规定旨在限制REITs偏离轨道。

## 马来西亚市场前景展望

马来西亚房地产市场已经快速发展。根据彭博编制的跟踪马来西亚证券交易所上市房地产公司的房地产指数，马来西亚房地产行业在过去5年就已经实现了翻番。

**马来西亚证券交易所房地产指数**

资料来源：彭博

你绝不能忽视美国对所有M-REITs的影响。2013年M-REITs与政府支持证券的利差只有3.6%。如果美国开始量化宽松退出，随马来西亚政府支持证券收益率的提升，这一利差会进一步缩小，M-REITs不再是有吸引力的投资，除非你看中资本增值。因此在进行投资决策之前，请关注M-REITs与马来西亚政府支持证券之间的利差，以及美联储的最新进展。投资者应密切关注政府政策，特别是以下方面：

- **提升电价**。政府已经宣布将调整政府补贴政策，原因是政府在补贴方面花费太多，已经阻碍马来西亚在2020年成为发达国家这一发展目标的实现。[①] 在政府宣布的重大措施中，包括从2014年1月起，将本地电价平均提高15%。这对REITs形成冲击，REITs相关房地产体量庞大，运营耗电水平高。为减轻冲击，马来西亚购物中心和大厦管理协会（the Malaysian Association for Shopping and Higkrise Complex Management）向其国内400余家成员公司建议，考虑调整空调温度以降低电力消耗。[②] 实际上，商业地产65%的电力用于支持空调系统。成功的REITs应当采取积极措施以应对公用事业提价，如双威（Sunway）REIT在2013年执行了一项改造工程，以降低公用事业成本。
- **商品及服务税（GST）**。一些国家称之为增值税（VAT）。2014年预算法宣布，从2015年4月起将执行税率为6%的商品及服务税，之前商品与服务的税率分别为10%及6%。政府为何采用较低的税率？商品及服务税是更全面的征税措施，针对制造及销售各个环节，而之前的销售税只针对制造环节，而服务税只是在消费者接受特定服务时才征收。[③] 对REITs来说，因为必须缴纳6%的商品及服务税，会对房地产开发商造成冲击，提高其生产成本，随后会提高房地产价格。政府已经宣布满足条件的部分物业开发可以免税，但马来西亚房地产及住房开发协会（REHDA）声称免税政策尚不清晰。[④]
- **隔夜政策利率（Overnight Policy Rate，简称OPR）**。伴随美联储的量化宽松退出措施，市场利率在上升。2014年7月，马来西亚央行将隔夜政策利率提高25个基点到3.25%，是过去5年的最高水平。我们

---

① www.themalaymailonline.com/malaysia/article/more-electricity-rate-shocks-on-horizon-anzwarns1

② www.thestar.com.my/News/Nation/2013/12/29/Warming-up-to-new-rates-Businesses-to-setthermostats-higher-to-cope-with-electricity-tariff-hike/

③ www.nbc.com.my/gst/faqs-malaysia-goods-and-services-tax-gst/

④ http://themalaysianreserve.com/main/news/corporate-malaysia/5846-confusion-over-gstwill-hit-property-market

还需要观察是否会进一步提高利率水平，所以直接投资马来西亚房地产面临的形势比较复杂。然而，你还是可以考虑是否投资 REITs。M-REITs已经采取预防措施来对冲利率上升的冲击，在财务策略上实现债务利率固定而非浮动。除 KLCC 只有 32% 的债务是固定利率外，大多数 M-REITs 债务的 66% ~99% 是固定利率。[1] 对 KLCC 进行的压力测试表明，隔夜政策利率上升 1%，导致 KLCC 的核心收益下降 1.6%，负面影响并不严重。当选择 REITs 时，建议执行类似的压力测试，测算当利率上升 1% ~2% 时，标的 REITs 的财务状况。

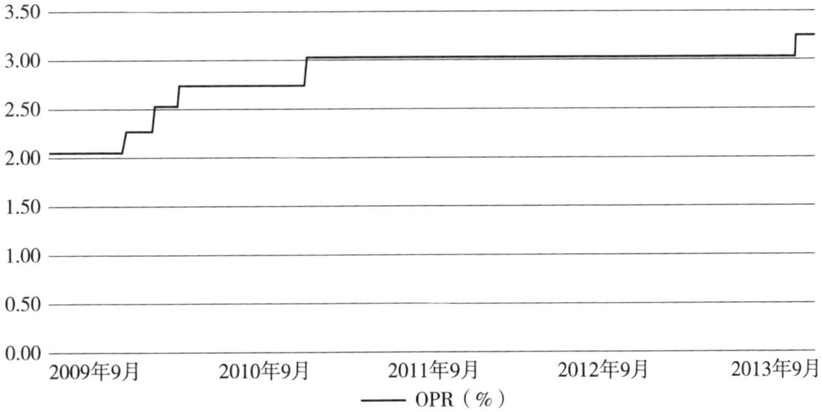


**马来西亚隔夜政策利率已创 5 年来新高**

资料来源：彭博

## 旅游行业

马来西亚享有丰富的自然景观、热带雨林、诸多岛屿及文化遗迹。“马来西亚，真正的亚洲”活动的成功推进，将马来西亚提升为一个全球理想的旅游目的地。2013 年，来访旅游者人数高达 2 572 万人，几乎相当于马来西亚

---

① www. thestar. com. my/Business/Investing/2014/07/11/Kenanga-Research-retains-Malaysian-REITs-at-Overweight/? utm_ source = rss&utm_ medium = rss&utm_ campaign = kenangaresearch-retains-malaysian-reits-at-overweight

的人口总数。[①] 而在2003年，来访者只有1 058万人，增加了2.4倍。

然而，2014年3月马航MH370航班神秘失踪，还有沙巴发生的游客绑架事件，对马来西亚旅游业造成冲击。特别是中国游客数急剧下降，分析预测2015年度将下降20%~40%。[②] 由于中国是马来西亚旅游市场的重要客源地，将造成重大冲击。美林证券估计，中国游客占马来西亚外来游客总量的12%，将对马来西亚GDP造成0.4%的负面影响。[③] 中国最大的旅游网站之一携程旅行网的一位高级市场经理说，上述事故发生后，华北地区赴马来西亚的游客数量下降了50%。

旅游业的负面消息，对杨忠礼酒店REIT造成的负面冲击最为严重。它持有遍布马来西亚的诸多高档酒店。除了吉隆坡的万豪及丽思卡尔顿，还拥有邦咯岛绿中海度假村（Pangkor Laut Resort）、登嘉楼月之影度假村（Tanjong Jara Resort）和金马仑高原度假村（Cameron Highlands Resort），都是热门旅游目的地。

这对零售业也会造成负面冲击，特别是那些依赖旅游者的购物中心。旅游者最常去的购物中心在金三角地区，例如双子塔与巴比伦（Pavilion）购物中心。

## 零售行业

马来西亚是购物天堂。就像新加坡与中国香港，很多马来西亚人闲暇时喜欢逛街购物。M-REITs持有资产的饼状图反映了马来西亚人较强的购物欲。

零售物业占M-REITs全部资产的比率达到惊人的76%，其次是办公楼22%。马来西亚零售业所有“皇冠上的明珠”都对REITs投资者敞开，包括巴比伦购物中心、双威金字塔（Sunway Pyramid）、谷中城（Mid Valley

① http：//corporate. tourism. gov. my/research. asp? page = facts_ fi gures

② www. themalaysianinsider. com/malaysia/article/mlaysia-to-face-losses-of-up-to-rm4-billionin-tourism-revenue-due-to-mh37

③ www. themalaysianinsider. com/malaysia/article/malaysia-to-face-losses-of-up-to-rm4-billionin-tourism-revenue-due-to-mh37

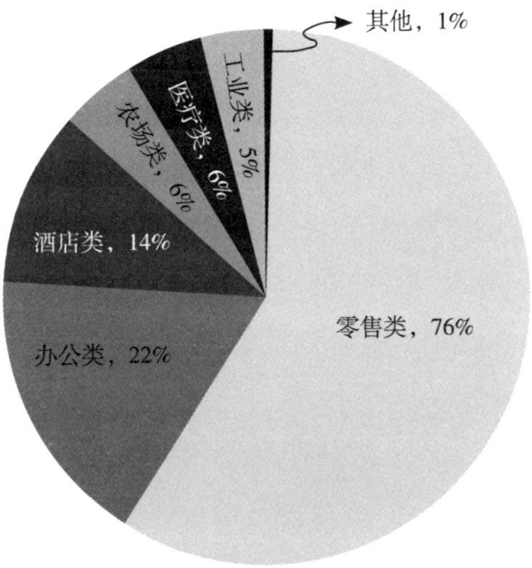


**M-REITs 资产构成图（2012 年）**

资料来源：WTW Affin

Megamall），未来双子塔也可能加入这一行列。

多年以来，吉隆坡的购物场所一直在进化，一开始是阿马广场（Amcorp Mall）、Atria 购物中心这类小型商场，随后出现了万达广场（1-Utama）、双威金字塔这类大型综合购物广场。这些大型购物中心主导市场，凭借琳琅满目的商品和高质量的租户，占据大部分市场份额。然而，随着 1999 年 11 月谷中城［现在已经是怡保花园 REIT（IGB REIT）的物业］的开业，竞争格局又一次发生变化。开业时，据说是东南亚地区最大的购物广场。这个项目还包括一座 Cititel 酒店、几栋办公楼，成功构建了一个繁华的中心区。今天，当你周末靠近谷中城的任何区域时，注定会陷入交通拥堵之中。当包括谷中城等资产的 IGB REIT 在 2012 年 9 月挂牌上市时，受投资者对马来西亚零售行业的乐观情绪所推动，上市首日股价上升了 11.2%。

在刚刚进入 21 世纪早期，当零售业界觉得需要更加庞大的营业场所时，零售商场经历了又一次提升。万达广场开始建设一座新的翼楼，通过一座桥及地下通道连接原来的购物中心。谷中成建成花园商场（Gardens Mall），与原来的购物中心连接在一起。双威金字塔迎头赶上，也要新增一座翼楼。

吉隆坡的新购物中心如雨后春笋，表明零售业仍然很强劲。对投资者来说更为重要的是，这些零售物业的大部分都已经在REITs的资产组合中。零售类REITs已经成功度过金融危机，名列各类资产前列，零售类REITs中的公共实业投资信托（AmanhRaya REIT），在2008年全球金融危机之后，分红率一直稳定在7%～10%的健康区间之内。

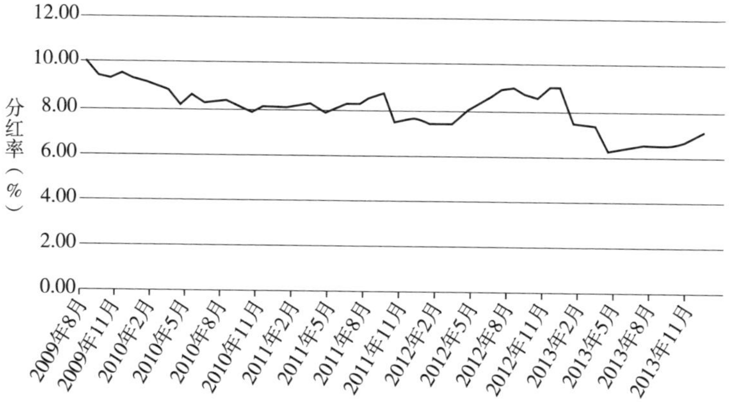


**公共实业投资信托的历史分红率**

尽管收益率有所降低，马来西亚的零售类REITs在过去几年仍然实现了较高的出租率。按名义值的租金增加了22%，从2010年的18林吉特到2013年的22林吉特，如下图所示：

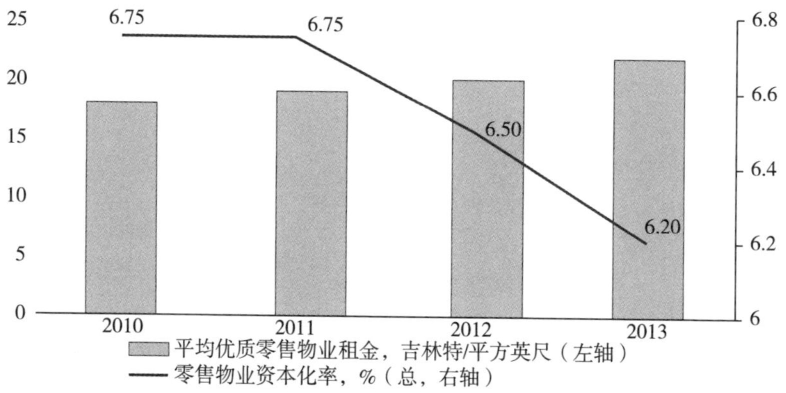


**M-REITs：零售物业资本化率的降低情况**

资料来源：WTW Affin

## 办公楼

马来西亚的 GDP 年增长率为 5.6%，比新加坡（1.3%）高得多。这支持了办公楼市场的发展，更快的增长意味着有更多公司，激发马来西亚办公楼市场的需求。然而，影响当前马来西亚办公楼行业的主要因素是，过多供应量对冲了稳定经济增长的正效应。在 2013 年，吉隆坡的办公楼面积超过 700 万平方米，平均使用率只有 77%。① 相对而说，曼谷、雅加达、新加坡的可用办公楼面积，远低于吉隆坡。

从好的方面看，2012 年吉隆坡的 A 级办公楼的平均租金仍然比较坚挺，尽管 2011 年办公楼空置率大幅提高到 14% 以上，2012 年租金依然维持在较高的 66.7～83.3 林吉特/平方米，比 2011 年增长 4.5%。但好日子还有多久，确实不清楚。吉隆坡每年办公楼的平均吸纳量为 20 万平方米，但 2013～2014 年还有 100 万平方米的办公楼入市。

在双子塔完工之前，吉隆坡的办公楼使用率普遍高于 90%。在双子塔完工至今超过 15 年间，办公楼市场好像没有真正“恢复”，使用率一直在 75%～84% 之间。随着更多的新增供应，办公楼市场看起来不太乐观。

**雪兰莪地区办公楼供应量及使用率（1993～2013 年）**

| 年度 | 办公楼数量（栋） | 总供应量（平方英尺） | 已使用面积（平方英尺） | 使用率（%） |
|---|---|---|---|---|
| 1993 | 215 | 31 926 541 | 29 062 261 | 91.0 |
| 1994 | 223 | 33 765 645 | 31 748 709 | 94.0 |
| 1995 | 232 | 36 359 048 | 34 663 320 | 95.3 |
| 1996 | 244 | 38 809 720 | 36 933 415 | 95.2 |
| 1997 | 252 | 42 576 668 | 41 606 143 | 97.7 |

① www.iproperty.com.my/news/7178/kuala-lumpur-an-oversupply-of-office-space

续表

| 年度 | 办公楼数量（栋） | 总供应量（平方英尺） | 已使用面积（平方英尺） | 使用率（%） |
|---|---|---|---|---|
| 1998 | 272 | 50 250 452 | 41 251 071 | 82. 1 |
| 1999 | 284 | 54 111 026 | 41 626 239 | 76. 9 |
| 2000 | 355 | 62 418 595 | 48 431 111 | 77. 6 |
| 2001 | 373 | 66 046 645 | 49 641 955 | 75. 2 |
| 2002 | 374 | 65 382 616 | 49 380 341 | 75. 5 |
| 2003 | 366 | 61 943 966 | 48 293 337 | 78. 0 |
| 2004 | 371 | 62 853 624 | 50 052 978 | 79. 6 |
| 2005 | 368 | 62 948 863 | 51 793 481 | 82. 3 |
| 2006 | 370 | 63 769 030 | 52 180 357 | 81. 8 |
| 2007 | 372 | 65 321 305 | 54 554 251 | 83. 5 |
| 2008 | 379 | 67 840 081 | 55 958 716 | 82. 5 |
| 2009 | 380 | 70 206 257 | 58 486 200 | 83. 3 |
| 2010 | 383 | 73 165 482 | 59 906 950 | 81. 9 |
| 2011 | 388 | 77 175 265 | 60 462 034 | 78. 3 |
| 2012 | 393 | 80 244 572 | 61 635 440 | 76. 8 |
| 2013* | 399 | 82 595 722 | 65 452 064 | 79. 2 |

* NAPIC 2013 四季度报告中数据，以年报为准。

资料来源：Savills Rahim & Co

## 工业

过去一段时间，由于劳动成本及总运营成本低，外国公司纷纷搬到中国。随着中国进一步发展，情况已经发生了变化。有些公司觉得中国成本太高，正在寻找一些低成本的投资区域。这一点对制造业尤为重要，因为需要大量土地及便宜的劳动力。马来西亚在这方面很有优势，其劳动力便宜、商业成本低以及战略位置好。马来西亚近年工业增长指数强劲上升，2013 年 11 月实际增长率达到4.4%，甚至超过经济学家2.9%的预期增长率。① 马来西亚有世界级的港口，自然资源丰富，政治环境稳定，然而，很大程度上还取决于政府政策。大型项目需要政府支持，例如边加兰（Pengerang）炼化一体化项目，估计总投资160亿美元，旨在提升马来西亚国家石油公司在石油产业链中的竞争地位。这一重大项目的实施，为国内工业提供了更多增长机会，相关商业机构也有机会参与这一重大项目。

在马来西亚南部的新山（Johor），战略位置靠近新加坡，有机会吸引境外企业到马来西亚运营。新加坡与马来西亚政府正在合作建设依斯干达特区（Iskandar Malaysia），规划建成潜力无穷的“深圳”或新加坡的“新泽西”。马来西亚投入巨资到依斯干达，致力为新加坡公司提供潜在发展基地。另一个例子，Axis REIT，利用马来西亚政府提供的优惠政策，吸引新加坡公司跨境发展。在新山，Axis REIT 在巴西古当港（Pasir Gudang）有多个仓库，在丹戎帕拉帕斯港（Tanjung Pelepas）附近有一个物流仓库，在士乃（Senai）运营一个新的工业园。

虽然有一些新加坡公司已经进入，近期的发展表明前景并不明朗。例如，新山在2013年年底将周末从周六与周日，修改为周五与周六，2014年起生效。这给企业主与交易商造成困惑，因为新加坡的周末为周六与周日。② 如此，如果一家新加坡公司想搬迁，由于周末时间的差异，每周会少一个工作日。

## 马来西亚 REITs 概览

目前马来西亚有15只挂牌REITs。主要是零售业及综合性REITs，按行业分类情况如下：

---

① www. thestar. com. my/Business/Business-News/2014/01/09/Malaysia-industrial-outputexceeds-growth-forecast/

② www. thestar. com. my/News/Nation/2013/11/18/Weekend-change-worries-traders-Its-nottimely-say-Johor-groups. aspx/

| 类型 | 数量及名称 |
|---|---|
| 零售业 | 6 家：IGB、Tower、巴比伦、贺达、凯德商用、大马第一信托 |
| 综合性 | 4 家：双威、Atrium、Amanahraya、国民投资产业 |
| 办公楼 | 3 家：UOA、桂嘉信托（Quill Capita Trust）、Axis |
| 酒店业 | 1 家：杨忠礼酒店 |

## 双威 REIT

双威 REIT（Sunway REIT）于 2010 年 7 月 8 日在马来西亚证券交易所挂牌上市。资产规模与总市值位居 M-REITs 的前列，投资标的是办公楼、商业地产、酒店业及工业物业。

| | 2012 年 | 2013 年 |
|---|---|---|
| 收入（亿林吉特） | 4.064 | 4.159 |
| 物业净收益（亿林吉特） | 2.992 | 3.092 |
| 单位派息（林吉特） | 7.500 | 8.300 |
| 杠杆率（%） | 33.500 | 31.000 |
| 单位资产净值（林吉特） | 1.100 | 1.180 |

### 资产组合

双威 REIT 已经从 8 项资产增加到 12 项资产，其中包括 4 项零售物业、4 家酒店、3 栋办公楼以及 1 家医疗中心，资产分布于于雪兰莪、吉隆坡、槟城及霹雳州（Perak）。最为重要的是，它拥有“皇冠上的明珠”——双威金字塔，这一购物中心包括零售类的奥特莱斯、一家主题公园及附近的一家酒店。周围 5 条高速公路，双威金字塔交通方便，是双威 REIT 资产组合中的亮点，在未来年度将提供稳定的收入贡献。

## 经营策略

双威 REIT 将充分利用其发起人双威集团（Sunway Berhad）的强大支持，双威集团正在实施一些重大项目，包括在双威度假区内的一些新投资项目、双威金字塔三期之类的项目、双威大学的新教学区，以及 Pinnacle 办公楼。Pinnacle 办公楼是一栋25 层的办公楼，面积5.4 万平方米，双威金字塔项目包括435 间客房和面积为0.6 万平方米的裙楼。双威 REIT 可以依托这些开发性项目获得发展。

双威 REIT 采取积极策略，降低运营成本提高净资产收入。2013 年，双威 REIT 完成双威金字塔购物中心的冷却机改造工程以降低电费。2013 年第四季度比上一年同期的净利润同比增长 10.5%。

## IGB REIT

IGB REIT 投资马来西亚境内外的收租型零售物业，于 2012 年 9 月 21 日在马来西亚证券交易所挂牌上市。

| | 2012 年 | 2013 年 |
|---|---|---|
| 收入（亿林吉特） | 1.152 | 4.307 |
| 物业净收益（亿林吉特） | 0.762 | 2.857 |
| 单位派息（林吉特） | 1.830 | 7.040 |
| 杠杆率（%） | 24.960 | 24.160 |
| 单位资产净值（林吉特） | 1.020 | 1.050 |

## 资产组合

IGB REIT 的资产组合包括谷中城的超级购物中心（Megamall）和花园商场两项资产，都是位于吉隆坡的零售物业，属于“皇冠上的明珠”式的购物中心。位于吉隆坡与其卫星城八打灵再也（Petaling Jaya）之间，附近有电动火车站，吸引了众多顾客，每个周末购物中心都呈车水马龙的盛况。

### 经营策略

2013年，花园商场的70%租约到期。IGB REIT抓住机会进行定位调整，改变一些租户，提升租户层次。吸引了25家新品牌入驻，包括雨果波士（Hugo Boss）、爱马仕、古驰、迈克高仕（Michael Kors）、乐邦尼（LeBunny Bleu）、蔻驰（Coach）和三星等。IGB还进一步对花园商场进行升级改造，重新进行空间布局。考虑到燃料、电力、评价费等成本上涨，还要执行新的商品及服务税，管理层预计2014年形势将会比较严峻。①

## 巴比伦REIT

巴比伦REIT投资收益型零售物业，资产位于吉隆坡的金三角，计划在包括马来西亚的亚太地区进行投资。

| | 2012年 | 2013年 |
|---|---|---|
| 收入（亿林吉特） | 3.465 | 3.755 |
| 物业净收益（亿林吉特） | 2.453 | 2.631 |
| 单位派息（林吉特） | 6.870 | 7.360 |
| 杠杆率（%） | 16.710 | 16.220 |
| 单位资产净值（林吉特） | 1.100 | 1.170 |

### 资产组合

巴比伦REIT的资产组合包括巴比伦大厦和巴比伦中心两项资产。巴比伦大厦是位于吉隆坡中央商务区的20层办公楼，面积1.5553万平方米。有多家国际性及本地公司入驻。根据最新的报告，其计划将还处于建设期的皇家

① www.thestar.com.my/Business/Business-News/2014/01/30/Rentals-expected-to-boost-IGBREIT-FY14-profi t/

行宫（Royale Pavilion）酒店注入巴比伦 REIT。这家五星级酒店估值 1 亿美元，将提升巴比伦 REIT 的资产组合。①

## 经营策略

2013 年，巴比伦 REIT 对购物中心进行定位调整，引入一些新的国际性租户，包括缪缪（Miu Miu）、玛百莉（Mulberry）、极度干燥（Superdry）、谢瑞麟（TSL）、乐卡克（Le Coq Sportif）、百年灵（Brietling）等。购物中心还调整布局、实施改造，以提升购物体验。

## CMMT

凯德商用马来西亚产业信托（Capitamalls Malaysia Trust，简称 CMMT）于 2010 年 7 月 16 日在马来西亚证券交易所挂牌上市，专门投资购物中心，由 CMMT 管理公司负责管理。CMMT 管理公司是凯德商用亚洲与马来西亚工业发展金融有限公司（MIDF）的合资公司。凯德商用亚洲是一家亚洲领先的购物中心开发商、所有者与管理者，在凯德商用新加坡信托（CapitaMall Trust，27.62%）与凯德商用中国信托（CapitaRetail China Trust，25.55%）等其他 REITs 也有权益。

| | **2012 年** | **2013 年** |
|---|---|---|
| 收入（亿林吉特） | 2.892 | 3.051 |
| 物业净收益（亿林吉特） | 1.960 | 2.086 |
| 单位派息（林吉特） | 8.440 | 8.850 |
| 杠杆率（%） | 28.700 | 28.800 |
| 单位资产净值（林吉特） | 1.150 | 1.200 |

① www.thestar.com.my/Business/Business-News/2014/02/27/Pavilion-REIT-may-add-RM330mil-hotel-to-portfolio/

### 资产组合

CMMT 的资产组合包括 4 家分布于马来西亚境内的购物中心：槟城的合您广场（Gurney Plaza）、吉隆坡的金河广场（Sungei Wang Plaza）、雪兰莪的绿野仙踪主题公园（the Mines）、关丹（Kuantan）的东海岸购物中心（East Coast Mall）。总面积超过 25 万平方米，估值超过 33 亿林吉特。

### 经营策略

CMMT 在并购市场很活跃。尽管未能按计划收购丽阳城购物广场（Tropicana City Mall）与丽阳城办公楼（Tropicana City Office Tower），CMMT 还在继续寻找马来西亚境内有良好成长性的零售物业。CMMT 可以依托其发起人凯德商用亚洲强大的项目开发渠道，寻找合适的并购标的。

## 杨忠礼酒店 REIT

杨忠礼酒店 REIT 于 2005 年 12 月 16 日在马来西亚证券交易所挂牌上市，当时主要定位于收租型零售类及酒店类物业。不过，2009 年，该基金调整定位，完全聚焦于酒店及相关物业。其在 2010 年处置了升禧广场（Starhill Gallery）、Lot 10 购物中心资产包等相关零售物业，随后在 2011 年 11 月与 12 月购买了 9 家酒店资产，完成向纯酒店类 REITs 的转型。

| | 2012 年 | 2013 年 |
|---|---|---|
| 收入（亿林吉特） | 0.809 | 2.920 |
| 物业净收益（亿林吉特） | 0.755 | 1.804 |
| 单位派息（林吉特） | 7.636 | 7.380 |
| 杠杆率（%） | 10.170 | 52.660 |
| 单位资产净值（林吉特） | 1.140 | 0.990 |

## 资产组合

2014 年 6 月 30 日杨忠礼酒店 REIT 的市值约 12.20 亿林吉特，由优质酒店及酒店相关资产组成。在马来西亚境内拥有以下资产：吉隆坡的 JW 万豪、丽思卡尔顿酒店、丽思卡尔顿公寓、邦咯岛绿中海度假村、登嘉楼月之影度假村、金马仑高原度假村，以及吉隆坡、槟城及关丹的维斯塔纳连锁酒店（Vistana chain of hotels）。杨忠礼酒店 REIT 在马来西亚境外的资产有：日本二世古（Niseko）的希尔顿酒店、澳大利亚在悉尼港、布里斯班及墨尔本的万豪酒店。

## 经营策略

杨忠礼酒店 REIT 在 2011 年 11 月购买了 8 家酒店物业。通过这次并购，其拥有一个遍布马来西亚的高度分散的资产组合，有 5 家五星级酒店、酒店式公寓、豪华度假区及商务酒店。资产多元化，可以降低经济波动的负面影响。

### Axis REIT

Axis REIT 于 2005 年 8 月 3 日在马来西亚证券交易所挂牌上市，主要定位于商业及工业物业。

| | 2012 年 | 2013 年 |
|---|---|---|
| 收入（亿林吉特） | 1.362 | 1.436 |
| 物业净收益（亿林吉特） | 1.161 | 1.228 |
| 单位派息（林吉特） | 18.600 | 18.500 |
| 杠杆率（%） | 34.560 | 32.660 |
| 单位资产净值（林吉特，分配前） | 2.170 | 2.230 |
| 单位资产净值（林吉特，分配后） | 2.110 | 2.180 |

## 资产组合

Axis REIT 最初只有 5 项资产，现在已经有 31 项资产，分布在雪兰莪、新山、槟城、森美兰（Negeri Sembilan）及吉打（Kedah）。资产组合分为以下领域：商业办公楼、办公室/工业楼宇、仓库/物流中心、简易工业楼宇及零售类设施。Axis REIT 的租户来自以下行业：基础设施、影像、医疗、家具、汽车、制药、保险、健康与康复、电子、信息技术、零售仓储等。Axis REIT 的资产高度分散于不同行业，对任何一个行业的风险暴露都比较有限。

### 经营策略

Axis REIT 在 2013 年没有任何并购行为。其致力于对存量资产进行改造以提升其价值，而不是调整资产组合。Axis REIT 出售了 Axis 广场，因为这项资产已经成熟，提升的空间有限。

## AL-Aqar 保健 REIT

AL-Aqar 保健 REIT 是全球第一只上市伊斯兰信托，于 2006 年 8 月 10 日在马来西亚证券交易所挂牌上市，聚焦于医疗物业投资。2013 年年末，AL-Aqar 保健 REIT 的资产估值为 1.48 亿林吉特，市值为 9.26 亿林吉特。

| | 2012 年 | 2013 年 |
|---|---|---|
| 收入（亿林吉特） | 1.034 | 1.074 |
| 物业净收益（亿林吉特） | 0.977 | 1.013 |
| 单位派息（林吉特） | 7.800 | 7.850 |
| 杠杆率（%） | 47.000 | 46.700 |
| 单位资产净值（林吉特） | 1.150 | 1.170 |

### 资产组合

AL-Aqar 保健 REIT 的资产组合包含 25 项资产，其中 22 项位于马来西亚境内，两项资产位于印度尼西亚，一项位于澳大利亚。通过从澳大利亚的沃特福德颐康园信托（Jeta Gardens Waterford Trust）收购老年护理院及养老社区资产，Al-Aqar 保健 REIT 从急救医疗设施扩展到养老产业。

### 经营策略

Al-Aqar 保健 REIT 在并购市场上很活跃，上市后实施多项并购活动。2008 年并购以下资产：班登（Perdana）KPJ 专科医院大厦、关丹专科医院大厦、圣陶沙（Sentosa）医疗中心大厦、加影（Kajang）KPJ 专科医院大厦、吉打医疗中心大厦。2010 年进一步并购如下资产：森美兰 KPJ 专科医院大厦、太平（Taiping）医疗中心大厦、大麦（Damai）专科医院大厦、大山脚（Bukit Mertajam）专科医院大厦、道华佳医院（Tawakal Existing）大厦、槟城 KPJ 专科医院大厦。最近，该 REIT 购买了另外两项与医疗产业不太相关但与医疗旅游产业相关的物业。

## 大马第一信托

大马第一信托于 2006 年 12 月 21 日在马来西亚证券交易所挂牌上市，主要投资巴生谷（包括赛城）及马六甲（Malacca）两地的办公楼、零售类及医疗类物业。

| | 2012 年 | 2013 年 |
|---|---|---|
| 收入（亿林吉特） | 0.980 | 1.098 |
| 物业净收益（亿林吉特） | 0.522 | 0.518 |
| 单位派息（林吉特） | 9.310 | 6.810 |
| 杠杆率（%） | 45.890 | 32.860 |
| 单位资产净值（林吉特） | 1.440 | 1.220 |

### 资产组合

大马第一信托的资产组合包括 9 项资产，总面积 26 万平方米。3 项资产位于吉隆坡的金三角地区、1 项位于八打灵再也、1 项位于格拉纳再也（Kelana

Jaya)、1 项位于梳邦再也（Subang Jaya)、1 项位于马六甲、两项位于赛城。

## 经营策略

大马第一信托的主要挑战是维持其办公楼物业的高出租率，由于供过于求，造成租金水平的向下压力。[①] 然而，大马第一信托已经执行多项资产改善措施，以提升资产促进增长，主要目的是留住现有租户并吸引新租户。在 Wisma AmFIRST 完成装修后，截至 2014 年 3 月 31 日其出租率上升至 75.6%。在下一个财政年度，计划改善 4 项其他主要资产：梳邦高峰购物广场（Summit Subang USJ)、吉隆坡大马银行（Menara AmBank)、大马银行集团领袖中心（AmBank Group Leadership Centre)、大马银行集团大厦（AmBank Group)。

2014 年 6 月，大马第一信托的投资负责人宣布将着手收购资产。特别感兴趣的标的是，估值不低于 8 000 万英镑的购物中心与办公楼的综合体。

## UOA REIT

UOA REIT 于 2005 年 12 月 30 日挂牌上市，主要投资商业物业。

| | 2012 年 | 2013 年 |
|---|---|---|
| 收入（亿林吉特） | 0.873 | 0.864 |
| 物业净收益（亿林吉特） | 0.193 | 0.201 |
| 单位派息（林吉特） | 10.480 | 10.670 |
| 杠杆率（%） | 35.700 | 35.400 |
| 单位资产净值（林吉特） | 1.500 | 1.500 |

## 资产组合

2013 年年末，UOA REIT 的资产组合包括：UOA 中心资产包、UOA 二号

① http：//themalaysianreserve.com/main/news/corporate-malaysia/5969-amfi rst-reit-eyes-tonew-properties

资产包、UOA Damansara 资产包、Wisma UOA Pantai、Wisma UOA Damansara II 和资产包 B——Menara UOA Bangsar。

### 经营策略

UOA REIT 已经对 UOA 中心及 Wisma UOA Ⅱ实施多项资产提升计划，旨在确保这些老建筑保持良好状态，获得高租金条件下的高使用率。

## 贺达 REIT

贺达 REIT（Hektar REIT）是马来西亚首只零售业信托基金，主要投资收益性零售物业。2006 年 12 月 4 日在马来西亚证券交易所挂牌上市。贺达 REIT 由总部在新加坡的星狮地产信托（Frasers Centrepoint Trust）发起设立。

| | 2012 年 | 2013 年 |
|---|---|---|
| 收入（亿林吉特） | 1. 032 | 1. 202 |
| 物业净收益（亿林吉特） | 0. 637 | 0. 741 |
| 单位派息（林吉特） | 10. 500 | 10. 500 |
| 杠杆率（%） | 40. 900 | 40. 200 |
| 单位资产净值（林吉特） | 1. 490 | 1. 530 |

### 资产组合

贺达 REIT 的资产组合包括 5 项零售物业，价值 10. 5 亿林吉特，服务 190 万居民，具体是：

- 梳邦百盛购物广场（Subang Parade，梳邦再也，雪兰莪）。
- 马六甲皇冠广场（Mahkota Parade，班达尔，甲六甲）。
- 维德百利广场（Wetex Parade）和经典假日酒店（Classic Hotel，麻坡，柔佛）。
- 地标广场购物中心（Landmark Central Shopping Centre，居林，吉打）。

- 中央广场购物中心（Central Square Shopping Centre，双溪大年，吉打）。

## 经营策略

贺达 REIT 2012 年 10 月集中精力在吉打州收购了两家购物中心，在 2013 年度没有实施并购行为。两家购物中心都在工业区及高科技园区的周边区域。贺达 REIT 计划将这两家购物中心进行改建以提高收益。改建内容包括为确保租户关联性而进行租户结构重新规划，以及为吸引新租户及顾客而进行的设施翻新。毕竟，这些购物中心位于双溪大年与居林的交通要道。如果有机会，贺达 REIT 还在继续寻找收益增进型（yield-accretive）的并购标的。

贺达 REIT 已经实施了一些对现有物业进行升级的工程。例如，改造中央广场购物中心以吸引优质公司替代表现不佳的租户。最为重要的是，还建立了孵化器以培育初创零售公司。设立孵化器的主要目的是利用这些创业者的创意，为购物中心的顾客改善并提供特别的购物体验。

REITs实战

大多数人去购物中心是去花钱购物，不过也有投资者通过投资马来西亚的零售 REITs 把购物癖变成了赚钱手段。

## 逛店也能赚钱

温迪（Wendy）热爱逛商场，上班时想着购物，睡觉做梦时也在购物。她享受淘货的乐趣，享受到折扣仿佛就是赚到了钱。除了必需品及日常用品，她从来不为任何商品付全价。

但是，温迪并非彻底的购物狂，她很节俭，会挖地三尺在商场刨出便宜货。温迪的大多数朋友讨厌她的便宜礼物与廉价食品。不过，她利用自己对价格的强迫症，做了一单漂亮的 REITs 投资。

她的朋友卡罗尔（Carol）建议："温迪，既然你如此热爱购物，为什么不投资 REITs？"

温迪问："什么是 REITs？一个新品牌？"

卡罗尔："不是。"她向温迪介绍 REITs 的概念，后者心不在焉。

温迪问："我为什么要投这玩意儿？"

"因为你喜欢逛商店，你熟悉购物中心，你应该利用你的知识。"

"怎么干？"

卡罗尔叹息道："好吧，我跟你说。我来做财务分析，你去做尽职调查。我们各尽所能，共同做出投资决策。"

"尽职调查是什么东西？"温迪完全找不到北。

"好吧，你只要告诉我中心购物商场怎么样？你觉得它干得好不好？"

"我讨厌它，它总是人满为患，我避之不及。我认为它的折扣还可以，但是周末总是摩肩接踵。"

"这是好信号！"卡罗尔眼前一亮。

"我不明白你为什么对我说的有这么大的兴趣？你还想了解什么？"

"它里面的商店怎么样？销售情况好吗？"

"这些店铺很讨厌。即使根本没有折扣，也总是拥挤不堪。我不明白为什么要买全价商品？"

"真的？品牌很好吗？"

"挺不错的，通常的快消品牌像优裤、ZARA 都有。我有个朋友在那里开了一家店，他说这里的生意比他以前做过的商场好很多。"

"你的朋友在那里有家店？我们能去拜访他吗？"

"没问题，不过周末我可不想去那里。"

当卡罗尔进一步介绍投资及尽职调查时，温迪最初的无知逐渐消失。他们相约共同去现场考察，如果发现是好的投资标的，就会一起参与这只 REIT

的 IPO。当温迪找到感觉时，开始感到兴奋。好像做侦察活动，而且还要投钱就更加刺激了。

通过温迪的朋友，他们可以看到租赁协议，协议对 REIT 特别有利。租金每 3 年自动增加 3%，可以对冲通货膨胀的影响。温迪的朋友说，他轮候 6 个月时间，才成功得到三楼的一间小店。

他抱怨说："这个位置并不理想，不过可能永远也等不到合适的位置。如果是我，我会投资这只 REIT，只要价格不是特别高，这是一家很好的购物中心。"

出于对卡罗尔判断的信任，温迪最终决定在这只 REIT 进行 IPO 时投入一大笔储蓄。最后皆大欢喜，一年内股价上升了 30%，赚的钱超过温迪两个月的工资。

### 故事启示

如果你没有信息渠道，就去找人补充。任何信息都有用，更重要的是知道如何运用。在这个案例中，温迪与卡罗尔能够整合力量，在一年内获得30%的收益率。也就是说，如果投入10 000元，就可以获得3 000元的增值，能不开心吗？

INTERNATIONAL REITs

第十一章

# 中国：长城内外的世界

相对于全球资本市场而言，中国是一个特殊的案例，迄今为止中国内地还没有可供个人投资者投资的在交易所挂牌上市公开交易的REITs，对于希望投资于中国REITs的投资者而言，有两种替代产品可供选择。[①]

### 1. 境外REITs

这些REITs虽然在诸如中国香港和新加坡这些交易所挂牌上市，但是在中国内地持有物业。如香港的越秀REIT和汇贤REIT，以及新加坡的丰树大中华商业地产信托和凯德商用中国信托。目前为止，这是普通投资者通过REITs这一投资工具，参与并分享中国房地产市场成长红利的唯一途径。

### 2. 私募REITs[②]

对于中国REITs而言，2014年是意义非凡、有重要影响的一年。中国政府在向内地资本市场引入REITs产品的道路上迈出了坚实的一步。中信证券，

---

① 中信启航已于2014年5月在深交所挂牌上市，投资人为机构投资人，译者对作者表述进行了更正。——译者注

② http：//blogs. wsj. com/moneybeat/2014/06/03/citic-securities-interest-in-chinese-reits-high/

中国内地处于领头地位的投资银行，被批准发行中国首只交易所综合协议交易平台挂牌上市交易的 REITs——中信启航专项资产管理计划。该计划于 2014 年 5 月 21 日挂牌上市，并从少数几个机构投资者中募集到 8.35 亿美元。其中的标的资产是在北京和深圳的两栋办公楼，而这两栋办公楼原先均由中信证券所拥有。

中信 REIT 的挂牌上市显示出中国投资者对 REITs 极大的需求。中信证券向投资者路演 REIT 产品时，仅仅一天就完成了募资，尽管该 REIT 产品有很多不足，诸如流动性较低、只能在私募市场交易以及主要被机构投资者持有等。根据有关报告显示，中信证券在筹划发行更多的 REITs——为国有企业、工业企业、金融机构和房地产开发商等需要通过物业资产证券化产生稳定现金流的企业服务。

还有第三种产品，类 REITs 产品①，但常会被初级投资者误以为是 REITs 产品。从传统意义来说，这并非 REITs，因为中国还缺乏针对我们所熟知的 REITs 的监管框架。并非所有含有房地产字眼的都能被称作真正意义的 REITs。对于类 REITs 产品，其实际上是一个如下的结构化产品：

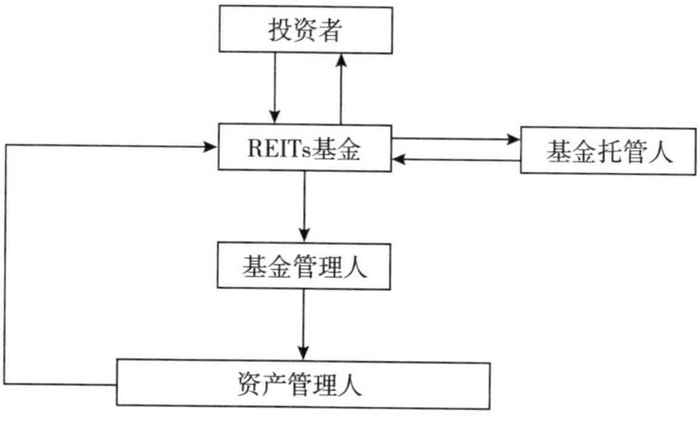


是否看起来和 REITs 非常相似？但类 REITs 的条款与 REITs 并不一样，同时还有一个重要的原因使其只能被称为“类”REITs：

① 类 REITs 产品即国内房地产信托产品。——译者注

| 对比点 | 中国的类 REITs（房地产信托） | 美国的 REITs |
| --- | --- | --- |
| 成立目的 | 主要是为了给房地产开发商提供短期融资 | 降低投资门槛，使得公众投资者能够投资于房地产 |
| 募资途径 | 私募 | 公募和私募兼有 |
| 投资者数量限制 | 不超过 200 人 | 在成立 REIT 后一年，至少有 100 位股东 |
| 最低投资门槛 | 不少于人民币 5 万元 | 不限制 |
| 流动性 | 较差，不在交易所挂牌交易 | 很好，可以在交易所交易 |
| 投资方式 | 间接投资（抵押贷款） | 直接投资（房地产项目并购）以及间接投资（抵押贷款） |
| 收入构成 | 贷款利息 | 租金（股权型 REITs）<br>利息（抵押型 REITs） |
| 投资期限 | 短期 | 长期 |
| 税收优惠 | 无 | 如果至少 90% 的收入用于分红，将能得到税收优惠 |

因为缺乏税收优惠，类 REITs 和常规的房地产基金一样，比传统的 REITs 有更高的波动性和风险。举例来说，信托计划的资金成本相比银行融资的资金成本高，所以求助于信托计划融资的房地产开发商一般都只会将其作为短期融资。因此，房地产信托的融资工具都会被设计成不同的期限，去满足不同项目的融资需求，而房地产信托的成功与否依赖于这些被投资项目的盈利情况。这种设计并不利于风险分散——传统 REITs 的定位是投资于不同资产以分散风险，对于综合型 REITs 有时甚至会投资于多个行业。

假如你相信类 REITs 是稳定和无风险的投资产品，请注意，中国监管机构已经针对产生不良资产的信托产品的违规行为展开调查。[①] 中国信托业协会的报告显示，未偿付的房地产信托金额达到了约 1 850 万美元，占到了全部行业中未偿付信托产品的 10.4%。但这并不意味着类 REITs 就不受投资者欢迎。

① http：//www.chinadaily.com.cn/english/doc/2004-11/23/content_393943.htm

有报道显示，预计2015年年底，房地产信托产品约有330亿美元到期，这表明投资者对于房地产信托仍然有非常强烈的需求。然而遗憾的是，对于投资者而言，类REITs的偿付能力有可能不足。[①]

## 中国REITs发展历史

中国制定REITs指导意见并将其引入资本市场的尝试，最早可追溯到2004年，但在过去10年中，几乎没有实质性的进展。造成REITs进展缓慢的原因众多，究其原因包括2008年的全球金融危机，以及政府通过控制房地产开发商融资渠道以降温中国房地产市场过热状况的举措。为了使读者对这个漫长的过程有更直观的感受，在此我们列举从2004年以来的一些里程碑式的关键节点及事件。

- **2008年3月**。中国银行业监督管理委员会发布了一份草案[②]，该草案包含了若干条与美国REITs监管相类似的法规。例如，中国的管理办法采用了“Five or Fewer”条例，即不允许5个或5个以下的投资人拥有超过50%的信托份额；物业所有者同样被限制，不得拥有超过15%的信托份额，同时REITs年收入中的90%必须对投资者进行分红，以保持信托被继续认定为REITs的状态。而对于负债率的要求也非常严格，即对外金融负债不能超过REITs净资产的20%。
- **2008年12月**。为了应对国际金融危机，国务院研究部署当时金融促进经济发展的政策措施，针对当时经济形势，颁布了《金融国九条》[③]。

---

① http://www.ecns.cn/cns-wire/2014/07-10/123506.shtml

② 原文关于草案的引用出处不详，本条目相关内容准确性请读者判断。原文对“Five or Fewer”条例的表述有误，译者进行了更正。——译者注

③ 其中第五项措施是：“创新融资方式，通过并购贷款、房地产信托投资基金、股权投资基金和规范发展民间融资等多种形式，拓宽企业融资渠道。——译者注

这是中国政府首次在中央文件中正式表示对中国房地产信托投资基金（C-REITs）试行方案的支持——因为C-REITs（下称“中国版REITs”）曾经被视为拓宽房地产企业融资渠道的金融创新。

- **2010年**。国务院批准了中国版REITs的试行方案，以北京、天津和上海作为试点。但是，这些试行的中国版REITs主要是为保障性住房建设进行融资。天津政府启动相关项目，并上报国务院审批。方案涉及总建筑面积200万平方米、共4万套的保障性住房。保障性住房使符合资格的低收入家庭有条件以每月1.85元每平方米的低租金入住，而附近的市场化租金为每月27元每平方米。
- **2014年3月**。中信证券以北京和深圳两栋办公楼为标的资产，发行了国内首只REIT产品（中信启航专项资产管理计划）。尽管正式的REITs管理办法尚未出台，而且中信启航REIT仅能在深圳证券交易所私募交易，但这在中国REITs发展上仍然是里程碑式的时刻。

将REITs引入资本市场需要一个漫长的过程，我们可能还要等待很长一段时间才能见证公募REITs的上市交易。这是否意味着投资者无缘分享中国房地产市场高速发展的红利？我们不妨将视野拓宽至全球，因为房地产开发商已经以离岸REITs的方式在境外挂牌上市。我们在第八章介绍了中国香港REITs市场，现在我们把目光聚焦到新加坡REITs市场。

## 新加坡REITs挂牌条件及监管规则

1999年，新加坡政府正式发布了本国的REITs管理办法，但直到2002年7月才发行了首只REIT——凯德商用商业地产信托（CapitaMall Trust）。时至今日，新加坡REITs市场（S-REITs）经历了高速发展，并以26只挂牌交易的S-REITs，成为亚洲最大的REITs交易市场。如果读者们希望参与到S-REITs的高速增长中，那么以下是各位必须了解的关键监管条件：

1. **只有将至少90%的应税收入进行分红的S-REITs，才有资格获得税收减免**。这对于REITs实体是非常重要的利好。与中国的房地产信托不同，以中国内地资产为标的的S-REITs同样可享受该项税收优惠政策，只要该S-REITs将其90%或以上的应税收入进行分红即可。在以往，该项规定的分红比例要求比现在高得多，达到100%，但随后被下调至90%。
2. **不少于75%的托管资产，应投资于产生收益的房地产项目**。此举旨在对总体资产配置维持一定的平衡，在保护投资者的同时，又给予REITs管理人一定的资产配置灵活性。
3. **REITs不能从事房地产开发活动，或者投资于未上市的房地产开发企业，除非管理人确定在建筑物竣工后将会收购并持有该物业**。在这里，再次强调了对REITs投资者的保护，REITs管理人不能进行投机，不能进行房地产开发业务，毕竟开发业务并非REITs的主营业务。
4. **未完工物业的投资金额，连同投入于物业开发的合同总额，不能超过REITs总资产的10%**。该措施同样是在保证REITs把精力聚焦于获取租金这项主营业务的同时，给予REITs管理人更多的灵活性。
5. **投资者在S-REITs买卖所得收益或分红收益形成的资本利得，不会被征税**。如果各位读者希望找到避税的投资，那么投资于S-REITs将可以合理避税。这种税收制度在2002年12月被修改过，在此之前，属于征税范围内的新加坡永久居民和其他在新加坡注册的非法人机构，均不能获得税收豁免。
6. **杠杆率不能高于45%**。与以往S-REITs需要面临更严格的杠杆率要求——不能高于35%相比，现在放松杠杆率的监管使得S-REITs能够通过债务来更好地获得资本。
7. **外聘REITs管理人**。与马来西亚的法规类似，新加坡仅允许外部聘用REITs管理人，但这种做法可能带来一定的隐患。其中一个主要风险是，外部管理人的薪酬是与管理资产规模挂钩的——这可能导致他们进行一些不合理的并购交易。此外，外部管理者一般与REITs发起人有着非常密切的关系，这可能也会导致潜在的利益冲突。例如，如果发起人正在处置一项物业，但难以在合适的价格达成交易，那么由于REITs管理人与发起人之间的关系，REITs可能会被用作这项物业的一个现成退出渠道。

## 中国市场前景展望

中国拥有庞大的资本市场，而且经济正在经历高速增长。许多实业家和投资者都非常钟情于中国的投资前景，但另一方面却又担心房地产市场的资产泡沫可能正在不断膨胀。对于房地产市场是否存在泡沫这一点，专家们各执己见。但若泡沫真的存在，更多的争论将会关注在这个泡沫到底何时才会破裂的问题上。所以，读者们可能会发现，有关房地产市场的数据都不尽相同，这是由于不同的学者使用了不同的研究方法，以及采用了不同的数据源。然而，与存在的恐惧一样，我们无法否认的是，已有众多的投资者从中国房地产市场获取了巨额的收益。从已有的研究报告来看，难以反驳的一点是，中国的房地产价格一直都处于上升的趋势中。例如，在短短3年的时间里，中国8个主要城市的房价与房租的售租比已经至少上升了30%，其中北京的房价与房租的售租比增长最高，从2007年的26倍增长至2010年的46倍。①

根据中国国家统计局的数据，房价一直保持快速增长，尤其是在一线城市。在1995年，上海房价的均价约为人民币3 505元每平方米；15年后，2010年上海房价的均价足足增长了5倍，至人民币19 001元每平方米。

中国指数研究院也得出了类似的结果，在不到4年的时间里，房价大约增长了1.5倍，而且这个结果仅仅是基于平均价格得出的。

即使读者被中国火热的房地产市场所吸引，而且相信其中并不存在泡沫，那么也很难直接购买物业。政府甚至针对本国居民购买房产也实施了非常严格

① 清华大学房地产研究院

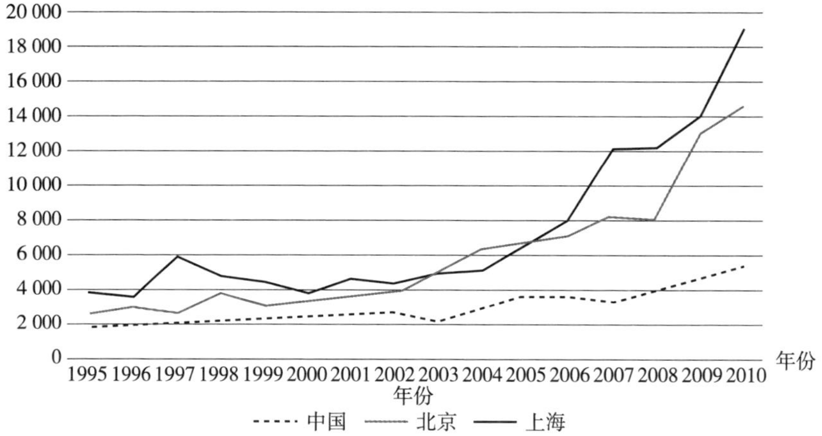


**中国房价走势（1995～2010年）**

资料来源：中国国家统计局

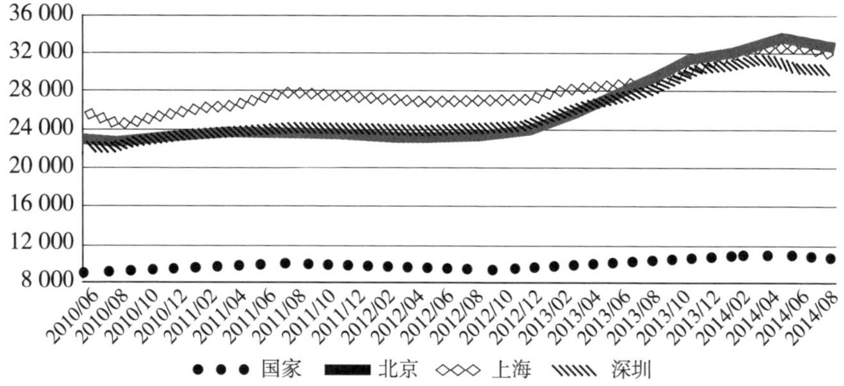


**一线城市平均房价**

资料来源：中国指数研究院

的限制。如果你是一位希望在中国置业的外国人，就必须突破多项法规门槛和限制。举例来说，你仅能购买一套非投资性住宅，这意味着你必须住在所购买的住宅内。不仅如此，你还要证明已经在中国境内工作并缴税至少满一年，这些税收包括公司所得税、印花税、个人所得税以及契税等；另外的方式是，向当地政府一次性补足5年的税收，以获得购房资格。购房限制在不同城市各有差异，但在北京限制是最严格的，因为当地的房价增长最迅猛。

## 旅游行业

在 2013 年，由于投资者信心不断加强，亚太区的酒店并购金额猛增了 160%，至 95 亿美元。近年来，中国举办了几项世界瞩目的盛事，如 2008 年的北京奥运会和 2010 年的广州亚运会，这些世界级赛事都进一步增强了中国的国际旅游地位。这一切是否意味着中国的酒店业前景光明？

可能未必。近期，中国的旅游业与政治环境正变得更加密不可分。但旅游和政治是如何联系到一起的呢？在中国，政治其实对旅游业一直有着非常明显的影响。2013 年，由于政府控制过度消费导致中国的酒店市场严重下滑。而倡导减少过度消费的政策也直接打击了豪华酒店的消费，因为它们所依赖的客户群正在慢慢减少。某位豪华酒店的工作人员指出，政府政策限制的影响在于，五星级酒店的房价高于修改后的政府预算出行标准。鉴于政府机构这一重要的消费群体正在流失，酒店业也在试图重新定位。但核心位置的黄金机会几近耗尽的情况下，重新定位的作用也有限。如果你留意一下北京和上海，将能看到每一个主要的国际五星级酒店集团都已经在核心地段占有一席之地。这些酒店都在盈利吗？毫无疑问，是的。但还会有很大增长空间吗？答案恐怕是否定的。

## 零售行业

你是否对“中产阶级崛起”这个名词略有耳闻？世界银行和其他不同学术机构的研究表明，随着收入水平和生活质量的提高，未来几十年中产阶级数量将会迅猛增长。2012 年，中国城市人均可支配收入已经增至人民币 24 565 元，同比增长 9.6%。

对于投资者而言，这意味着更多更富裕的消费者将会出现。根据中国商务部的数据，中国已经跻身成为紧随美国之后的全球第二大消费市场。社会零售总额已经从 10.8 万亿元人民币增长至 20.7 万亿元人民币，同比增长几乎一倍。未来 5 年，中国有望取代美国成为全球第一大消费市场。正因如此，房地产开发商都在快速兴建更多的购物中心去满足不断增长的零售消费需求。

2013 年第四季度，中国新增商业物业总量创历史纪录，达到 255.5 万平方米，其中 80% 集中在二线城市。

这对于零售物业的 REITs 而言是利好因素，尤其是对 C-REITs，因为在有着 14 亿人口的中国，中产阶级的比例和人数都在快速上升。我们不妨举个实际的例子来看看这一影响到底有多大。试想一下，即使仅以 1 美元的价格向全中国每一个人卖出一杯饮品，这也足以使你一夜之间成为亿万富翁。这个庞大的消费市场正是大量企业涌入中国的原因。中国消费市场正在变得更加庞大和富有消费力，像上海和北京这样的一线城市，会是这个趋势的最大获益者。因此，一线城市的购物中心内，国际品牌的数量可以说超乎想象得多。这一趋势也反映在了对中国商业物业的快速增长的需求上——在 2011 年，购物中心的并购交易额总计达到 265 亿元人民币，占到商业地产并购交易量的 30%。此外，中国政府对“计划生育”政策的放宽，将会提高未来的人口增长速度，这也进一步推动中国以购物中心 REITs 的增长。

如果你希望涉足中国购物中心 REITs，那么最好只挑选有可靠运营记录的 REITs。对于高回报的承诺，可能掩盖了许多表面无法察觉的高风险。有很多新的购物中心在开业时出租率仍然偏低，尤其是在非核心地段的购物中心，有些甚至被迫推迟开业。同时需要谨记，中国市场还有阿里巴巴这一强大的电商对手，在投资零售业 REITs 产品时需要非常谨慎。

## 办公楼

中国并不只有北京和上海两个城市具有代表性，如果仅仅因为北京、上海充满着各种繁华的生活而觉得这就代表了中国，那么显然不能从全局上看清中国的状况。如果我们总览中国办公楼物业市场，会发现目前和未来都有大量的新增供应量涌出，这将严重制约租金的增长。在 2013 年第四季度，全国范围内的办公楼新增供应量达到了创纪录的 176.7 万平方米，而且有超过 70% 集中在二线城市。但这些供应量并非总能够转化成高出租率。在中国二线城市，核心地段的出租率仅为 46%，低于地区平均水平。

此外，中国出现了去中心化趋势，房地产开发商开始关注诸如上海虹桥和洋浦之类的周边地区。这样能使得城市发展更加均衡，而且也符合政府的指导意见。例如，大学城校区都选址在城市中心区域以外，以解决市区土地不足的问题。为了使读者对去中心化有更直观的了解，我们可以从新增土地分布来看，其中60%都来自核心商业地区以外的区域。即使在有大量在建工程的上海，也有超过70%的工程是在城市周边地区。

这意味着在这股发展浪潮中，在核心地区拥有优质办公楼资源的REITs将会比以往更有吸引力。位于核心区域之外的新增供给，难以影响核心区域的租金价格。同时，尽管一些公司可以搬迁到边缘区域，但一些企业却绝不会这么做，因为在核心区域拥有办公地会使得该企业拥有一定的无形资产。如果一个潜在客户与四大会计师事务所之一的公司在上海见面，那么客户绝对不愿意花一两个小时的时间去郊外的地点拜访。而且客户的心里也会泛起一丝疑问，为什么这家公司不像它们的竞争对手一样在市里的核心区域办公？

此外，与香港的租金相比，上海和北京的租金仍有较大的差距——在香港，优质办公楼的一个工作室的租金约为1万美元，而上海的租金仅为其一半而已。既然上海一直致力于成为国际化金融中心，这个差距势必将会被缩小，这也意味着REITs投资有着巨大的增值空间。毫无疑问，中国将会不断地提高对外开放程度。而按照国家规划，上海将在2020年成为国际金融中心，更多的公司也将进驻其中。这些公司中的一部分，将对核心区域的优质办公楼有着强烈且不可替代的需求，因此核心区域办公楼的出租率将维持在高位水平，而租金也将保持持续增长。

## 工业

乘着电子商务发展的东风，中国的工业及物流行业正处在爆发增长期。根据中国互联网络信息中心的数据，在2012年，电子商务产生了约1.3万亿元人民币的交易量，同比增长了66.5%，并占据了当年社会零售总额的6.1%。预计到2020年，电子商务的规模将会达到创纪录的2.5万亿元人民币。得益于中国宽带网络的普及、信用卡业务的发展，以及高消费人群的增长，电子商务才有了如此迅猛的增长。随着电子商贸的快速发展，对中国境内的工业和物流仓储设施的需求也在不断升温。对于无法确定中国零售购物中心发展前景的投资者而言，可以通过同时投资于零售商业地产以及物流地产，来分散和对冲其投资风险。

## 中国 REITs 概览

目前大约有 8 只 C-REITs 在境外资本市场挂牌交易，但各位读者必须要对 REITs 和商业信托区分开来。例如，鹏瑞利中国零售信托（Perennial China Retail Trust，简称 PCRT）听起来像一个 REIT 产品，因为在产品名称中有“信托”一词，但事实上这仅仅是一个商业信托。REITs 和商业信托之间有几个关键的差异，最显而易见的是，商业信托不像 REITs 那样能够提供税收减免。接下来，我们介绍新加坡市场的几款投资中国物业的 REITs 产品。

### 腾飞 REIT

以新加坡市场为基础，腾飞 REIT（Ascendas REIT，简称 A-REIT）是新加坡首只而且也是最大的商业与工业地产的 REIT。截至 2014 年 3 月 31 日，腾飞 REIT 拥有一个非常多元化的资产组合，包括新加坡境内的 103 处物业以及在中国内地的两处商务园区。

| | 2012 年 | 2013 年 |
|---|---|---|
| 收入（亿新加坡元） | 5.033 | 5.758 |
| 物业净收益（亿新加坡元） | 3.683 | 4.088 |
| 单位派息（新加坡分） | 13.560 | 13.740 |
| 杠杆率（%） | 61.300 | 42.300 |
| 单位资产净值（新加坡元） | 1.880 | 1.940 |

## 资产组合

腾飞 REIT 旗下的资产组合如下：

- 商务园区和科技园区物业。
- 高速网络工业园区/数据中心。
- 轻工业园区/分层厂房。
- 物流与配送中心。
- 零售仓库厂房。

这些物业有着一个庞大的全球客户基础，超过 1 300 家公司进驻物业，而且这些公司来自各行各业——这些行业非常广泛，包括但不限于以下行业：

- 研发机构。
- 生命科学。
- 工程研究。
- 电子研究。
- 通信行业。
- 轻工制造业。
- 信息科技。
- 支持性行业。

在中国，腾飞 REIT 的资产组合为两个在北京和上海的商务园区，这些园区旨在吸引跨国公司和本地龙头企业在园区内成立总部公司，并专注于吸引高附加值行业入驻，如信息科技和软件开发等。

## 经营策略

腾飞 REIT 启动了资产提升计划，计划耗资 5 220 万新加坡元进行建筑物升级改造，并对园区动线重新布局以提高利用效率。在 2012 ~ 2013 两个财政年度里，并购超过5亿新加坡元的商业物业后，该REIT已经放缓了其并购业务的步伐，近期以1.275亿新加坡元从腾飞集团收购新加坡科学园Galen项目。

## 丰树大中华商业信托

丰树大中华商业信托（Mapletree Greater China Commercial Trust，简称MGCCT）主要投资于中国境内能够产生稳定现金流的商业购物中心，也包括部分用于其他用途的商业地产项目。2013年3月挂牌时，该REIT的IPO共募集超过16.8亿新加坡元的资金，使其成为新加坡有史以来最大的REIT IPO项目。

| | 2012年 | 2013年 |
|---|---|---|
| 收入（亿新加坡元） | n. a. | 2.676 |
| 物业净收益（亿新加坡元） | n. a. | 2.162 |
| 单位派息（新加坡分） | n. a. | 6.265 |
| 杠杆率（%） | n. a. | 38.0 |
| 单位资产净值（新加坡元） | n. a. | 1.058 |

注：MGCCT在2013年3月7日挂牌，因此没有2012年财务数据。

### 资产组合

目前MGCCT拥有两处物业，商业建筑面积约为240万平方米，出租率约99%。其中一处物业是位于香港九龙塘高端住宅区的“又一城”（Festival Walk），该物业由购物中心和商业办公楼组成；另一处物业是位于北京朝阳区的“佳程广场”（Gateway Plaza），该物业以超A级办公楼为主，并带有部分零售业态。

### 经营策略

MGCCT的投资目标明确，致力于寻找在如香港这类核心城市以及中国内地北上广深等一线城市的投资标的。其后，MGCCT将其投资目标进一步扩大至以下二线城市：

- 西安。
- 武汉。
- 天津。
- 苏州。
- 南京。
- 杭州。
- 佛山。
- 重庆。
- 成都。

MGCCT 同时也会投资于其发起人——丰树集团的项目。丰树集团在 2014 年 1 月通过香港政府的土地竞标投得香港九龙东地区的一块核心商业地块，而香港政府也有计划将九龙东发展为下一个商业中心区域。丰树集团有意将地块建成为面积超过 61 000 平方米的甲级办公楼，并于 2017 年竣工。而丰树集团与 MGCCT 签订了协议，MGCCT 在未来对该物业拥有优先购买权。

## 丰树物流产业信托

| | **2012 年** | **2013 年** |
|---|---|---|
| 收入（亿新加坡元） | 3.078 | 3.107 |
| 物业净收益（亿新加坡元） | 2.681 | 2.676 |
| 单位派息（新加坡分） | 6.860 | 7.350 |
| 杠杆率（%） | 34.100 | 33.300 |
| 单位资产净值（新加坡元） | 0.920 | 0.970 |

### 资产组合

丰树物流产业信托（Mapletree Logistics Trust）的资产组合里含有 111 个

物流物业，总建筑面积约290万平方米。这些物业广泛分布在亚洲不同地区，有中国、日本、韩国、越南、新加坡和马来西亚——而且这些物业的租户也来自不同的行业，截至2013财年末，共有来自餐饮、建材、建筑和工程研究工业等行业的386个租户。前十大租户的租金收入仅占总收入的24%，而且没有任何一个租户的租金收入对总收入的占比超过5%。

### 经营策略

丰树物流产业信托希望通过在如马来西亚、韩国和中国等主要市场寻求并购标的，以提高自身在高增长市场的参与度。在2013年7月，该REIT以287.5亿韩元的价格并购了韩国的Box Centre，该物业是一栋三层高的仓储建筑，占地约27 000平方米。除此以外，还以8 850万马来西亚林吉特的价格，在马来西亚依斯干达收购了工业仓储物业Flex Hub，该项目占地约63 750平方米。

## 雅诗阁REIT

雅诗阁REIT（Ascott REIT）投资于酒店式公寓、出租物业和其他酒店类资产。自2006年3月挂牌上市以来，它的资产已经增长了3倍，达到34亿美元。

| | **2012年** | **2013年** |
|---|---|---|
| 收入（亿新加坡元） | 3.038 | 3.166 |
| 物业净收益（亿新加坡元） | 1.591 | 1.612 |
| 单位派息（新加坡分） | 8.760 | 8.400 |
| 杠杆率（%） | 40.100 | 34.000 |
| 单位资产净值（新加坡元） | 1.350 | 1.370 |

### 资产组合

雅诗阁REIT的国际资产组合涵盖了亚太地区和欧洲12个国家中的32个城市，共81处物业，合计8 692个房间。在中国，雅诗阁REIT的物业分布在北京、上海和广州。

### 经营策略

雅诗阁 REIT 严格遵循着其既定的投资策略，在日本收购了 11 处出租公寓物业，在中国收购了 3 处酒店式公寓物业——沈阳盛捷和平服务公寓（Somerset Heping）、上海馨乐庭碧云服务公寓（Citadines Biyun）以及苏州馨乐庭星海服务公寓（Citadines Xinghai），这次并购交易共作价 2 874 亿新加坡元。为了进一步精简资产组合，雅诗阁 REIT 正在剥离其在北京盛捷福景苑高级服务公寓（Somerset Grand Fortune Garden）的 81 个房间，出售所得现金将为雅诗阁 REIT 并购其他高回报资产提供资金。

除了并购和处理资产以外，雅诗阁 REIT 还注重物业的维护与升级改造，其花费了 3 200 万新加坡元，对亚太区和欧洲地区的物业进行翻新。例如，公司正在对雅加达雅诗阁、新加坡来福士雅诗阁和巴塞罗那兰布拉馨乐庭酒店进行重新装修。

## 凯德商用中国信托

凯德商用中国信托的主要目标是投资于中国境内能产生收入的零售商业物业。这是新加坡第一个也是唯一一个专注于中国零售资产的零售类 REIT。

| | **2012 年** | **2013 年** |
|---|---|---|
| 收入（亿新加坡元） | 1.525 | 1.601 |
| 物业净收益（亿新加坡元） | 0.997 | 1.030 |
| 单位派息（新加坡分） | 9.540 | 9.020 |
| 杠杆率（%） | 28.000 | 32.600 |
| 单位资产净值（新加坡元） | 1.310 | 1.480 |

### 资产组合

该 REIT 拥有位于中国内地、香港和澳门境内的零售物业。其中，中国内地的购物中心分布在6个城市。在北京，该REIT拥有凯德MALL西直门（CapitaMall Xizhimen）、凯德MALL望京（CapitaMall Wangjing）、凯德MALL大峡谷（CapitaMall Grand Canyon）、凯德MALL双井（CapitaMall Shuangjing）、凯德MALL安贞（CapitaMall Anzhen）。该REIT同时还拥有上海的凯德MALL七宝（CapitaMall Qibao）、河南郑州的凯德广场（CapitaMall Erqi）、内蒙古的凯德MALL赛罕（CapitaMall Saihan）、安徽芜湖的凯德广场（CapitaMall Wuhu）以及武汉的凯德MALL新民众乐园（CapitaMall Mnzhongleyuan）。这些购物中心都对接着城市的主干道，交通便利，主要是针对家庭群体，老少皆宜，选择丰富。这些商场以长期租赁的形式稳定了如家乐福和沃尔玛等知名的主力店的租约，同时还保有知名且国际化的次主力店，如面包新语、优衣库、ZARA、屈臣氏、必胜客和肯德基等。

### 经营策略

为了实现健康发展，该REIT寻找多种途径，使资产组合创造出更多的价值。该REIT将凯德MALL赛罕的出租形式由整租转为散租，从而将以前剩余的空间有效地利用起来。它们还在出租前重新设计空间，以增加租金收入。为了增加人流量，2009年启动了许多改造升级的工作，将这座内蒙古的商场改造成为集购物、娱乐与餐饮为一体的购物中心。这次改造成功地将2013年的收入翻倍，达到4 950万元人民币；物业净收益也在同一时期增长超过两倍，达到2 570万元人民币。公司还购得了位于北京城南丰台区的凯德MALL大峡谷，其交通便利，距离地铁仅5分钟路程。这一地区还有多达40多条公交线路，非常方便。

## 升禧环球REIT

升禧环球REIT（Starhill Global REIT）是一家位于新加坡的REIT。其主要投资于办公及零售物业。

| | 2012 年 | 2013 年 |
|---|---|---|
| 收入（亿新加坡元） | 1.860 | 2.006 |
| 物业净收益（亿新加坡元） | 1.484 | 1.579 |
| 单位派息（新加坡分） | 4.390 | 5.000 |
| 杠杆率（%） | 30.300 | 29.000 |
| 单位资产净值（新加坡元） | 0.970 | 0.930 |

### 资产组合

升禧环球 REIT 的资产组合包括新加坡和海外的物业。组合的规模由新加坡的两处物业扩展至位于新加坡、马来西亚、中国、日本和澳大利亚等不同国家的 13 处物业。在中国，该 REIT 拥有位于人口密度最大的省份之一——四川省的仁和春天百货棕北店（Renhe Spring Zongbei Property）。该物业靠近成都市领事馆区和高端区域，定位为中高端商场。其租客不乏诸如劳力士、万宝龙、杰尼亚、阿玛尼·卡尔兹、巴利、登喜路和雨果波士等大牌。

### 经营策略

该 REIT 一直活跃在并购市场，在 2013 年，为了精简其资产组合，公司出售了位于日本的六本木（Roppongi）Primo。这次剥离减少了公司在日本的业务，使其比例降低至 2013 财年总收入的 2.8%。同年，公司购买了位于澳大利亚珀斯的 Plaza Arcade，使其澳洲业务比例增至 2013 财年总收入的 9.3%。

## 华联商业 REIT[①]

华联商业 REIT（OUE Commercial REIT）成立于新加坡，是一家主要以投

① OUE 通常译为华联商业 REIT，但非总部位于北京的北京华联集团所属，该公司发行的 REIT 名为北京华联商业信托，于 2015 年 12 月 11 日在新加坡交易所挂牌上市。

资商业金融中心的商用及办公物业为目标的 REIT。母公司华联集团，还拥有华联酒店 REIT（OUE Hospitality REIT）。该 REIT 既可以在新加坡国内投资，也可以投资于海外市场。

| | 2012 年 | 2013 年 |
|---|---|---|
| 收入（亿新加坡元） | n. a. | 0. 325 |
| 物业净收益（亿新加坡元） | n. a. | 0. 246 |
| 单位派息（新加坡分） | n. a. | 2. 400 |
| 杠杆率（%） | n. a. | 39. 000 |
| 单位资产净值（新加坡元） | n. a. | 0. 940 |

注：财务年度从 2013 年 10 月 10 日（机构成立之日）到 2014 年 6 月 30 日。
华联商业 REIT 于 2014 年 1 月 27 日挂牌上市，因此没有 2012 年财务数据。

## 资产组合

华联商业 REIT 包括新加坡和上海的两处商业物业。这两处物业各占地约 105 000 平方米，按照 2013 年 9 月 30 日的估价，价值约为 16 亿新加坡元。

## 经营策略

华联商业 REIT 现在仅持有位于新加坡和上海的这两处主要的物业。其中，新加坡的华联海湾大厦（OUE Bayfront）坐落于哥烈码头（Collyer Quay），上海的物业则位于黄浦区的繁华商业路段——淮海中路的力宝广场（Lippo Plaza）。

华联商业 REIT 的不同之处在于其背后的发起人——华联集团（OUE），一家拥有约 409 000 平方米总建筑面积的商业及零售地产公司。虽然该 REIT 现在的总建筑面积只有 105 296 平方米，但只要集团愿意将莱福士坊一期（One Raffles Place Tower One）、莱福士坊二期（One Raffles Tower Two）连同其裙楼一同注入 REIT 中，将会使该 REIT 资产组合的规模拓展 4. 5 倍。除了寄期望于集团公司可期的资产注入，该 REIT 也在尝试通过租金调整和对租赁到期时间的合理安排来达到其原有资产池的增长。

## 凯诗物流信托

凯诗物流信托（Cache Logistics Trust）投资于物流领域的物业。

| | 2012 年 | 2013 年 |
|---|---|---|
| 收入（亿新加坡元） | 0.726 | 0.810 |
| 物业净收益（亿新加坡元） | 0.691 | 0.768 |
| 单位派息（新加坡分） | 8.365 | 8.644 |
| 杠杆率（%） | 31.700 | 29.100 |
| 单位资产净值（新加坡元） | 0.960 | 0.980 |

### 资产组合

凯诗物流信托控制了坐落于新加坡和中国物流集散地的 13 间仓库物业，总建筑面积达 47 万平方米。它的资产组合在 2013 年年底估值为 10.35 亿新加坡元，同比增长 6.5%。

### 经营策略

该信托秉承兼并收购的策略，收购了一个新开发的占地 2.7 平方米的仓库——Precise Two。其发起人迅通集团（CWT Limited）是一家拥有 6 000 余名员工，在 2013 年创造了 91 亿美元收入的公司。讯通集团还赋予凯诗物流信托对于集团旗下物流物业的优先购买权，这些物业包括在中国、新加坡和马来西亚的仓库，允许凯诗较其他潜在买家先行挑选。

**REITs 实战**

曾经有投资者想要投资于中国高速发展的房地产行业，但又喜欢

“分享投资”这一概念——毕竟，如果有能力，谁会需要去投资REITs而非直接投资呢？直接投资的回报会更高，而投资者也将拥有一部分地产股权，这比看不见摸不着的基金份额好多了。而下面是一个直接投资的故事。

## 无效的邮政编码

马文（Marvin）抱负很大，他不仅仅想成为百万富翁，更想成为亿万富翁。为了实现自己的梦想，他花费所有的时间去计划各种可能的方式来达成目标。其中包括上网找寻成功故事，并分析亿万富翁们是如何做到的。他认为，只要模仿成功人士那么做，他也能成为亿万富翁。

他留意到了中国最有钱的大亨——王健林的故事。王健林不仅非常有钱，而且高出富豪榜排名第二位的人整整32亿美元。马文一边思考着数字，一边想象着自己成为下一个王健林。他很肯定自己可以做到，只是需要知道怎么去做。

在读这些故事的时候，他发现许多有钱人的财富都是从房地产市场赚取的。比如，李嘉诚的大部分早期财富都是源自他的房地产开发公司——长江实业。李兆基的196亿美元的财富也是根植于房地产领域——他持有大量高端楼宇的股权，包括香港国际金融中心和上海繁华外滩旁、南京西路的名人商业大厦。他身边的许多朋友也是靠房地产交易而大赚了一笔。其中一个朋友在2006年没什么人感兴趣的时候，买进了位于马来西亚依斯干达的房产。当市场变得繁荣时，他以两倍的价格将房子卖了出去，并购置了一套更大的。

对于马文而言，房地产很明显就是他要走的路。下一步，他需要想出怎么做。有些朋友建议他从投资REITs开始，“你只是个新手，甚至连自己的房子都没有。”他最好的朋友弗兰克（Frank）跟他说。

“即便是新手，也总有开始的时候。”他反驳道。

能有多难呢？应该和上网买部手机或是买到最好的航空公司的机票没有太大差别。马文打算从互联网入手，在这里所有的信息都是公开的。他并不是在找一处准备自住的房子，而是像别人一样通过房产而发家致富——买一处房产，持有一段时间，然后在价格上去的时候卖出。赚钱轻而易举。在亚洲这样一个几乎每个人都需要买房的地方，投资房地产绝对是不二的选择。

他开始浏览一些看上去像是经验丰富的投资者发表文章的论坛。他的道理很简单：论坛里不但有在房地产投资中获得丰厚利润的人，也有很多是亏了钱的。

他不太相信华丽的宣传手册或是网站。他怎么可能在数周之内去筛选上千个开发楼盘呢？看论坛是一条捷径——一个可以读到别人的分析观点和看到别人成果如何的地方。"就从这里开始吧。"马文思索着。

有一个用户很特别，吹嘘自己在投资房地产上已经赚了上百万美元。马文觉得很有意思。这比起他的那些埋头苦苦工作，倾其一生也赚不到100万的朋友好多了。论坛的这个人真的存在吗？马文有些怀疑，并仔细浏览了他以前的发帖记录。这个用户的网名叫"Xephony32"，非常积极，每隔两天就发一次帖子，并对很多话题进行热烈的讨论。Xephony32吹嘘他引以为傲的购买交易，并给出了房屋买入后升值的具体情况，有时候甚至会上传已购买房屋的照片。这些内容深深地吸引了马文。他仔细调查了这个用户。如果Xephony32提及了哪个开发商，他会立刻上网查询然后确认这个地方是否真实存在。当他报出房价的时候，马文会用其他途径进行核实，有时候还会小心翼翼地查阅房屋的照片以确保它们没有被复制过。

所有的事情似乎都是准确且有真凭实据的。刚开始马文觉得一切都好得太不真实。他还没有关于这个神秘用户的足够信息，所以他决定给Xephony32发个私信，包括介绍自己是一个对房地产市场十分感兴趣的人，而且极为欣赏其独到的见解。一开始马文得到的是冷漠的答复。

马文：你好。

Xephony32：你好。

马文：感谢你和我们分享了这么多你个人的经历。

Xephony32：不客气。

但是马文十分坚持，并开始发疯似地在论坛上发帖。从这之后，他加入了一个在线社区，并开始看到真实的人名和简介。他每一次登录论坛就像是查看电邮中老友发来的邮件一样。有谁回复了他的帖子？谁开始了关于即将开售楼盘的讨论？别人是怎样处理买到的房屋的？他们是找到了租客以得到短暂的收入，还是打算尽快出手？

马文已经深深地沉迷于此。这感觉就像是在玩一场没有押注的游戏。马文所做的就是，一边准备着自己下一步的行动，一边观察着这些投机者们的动作并紧密关注着他们。他准备好了钱，虽然并不多，却不知道买哪里、怎么买和买什么。这就是一场赌博。如果买对了，他可以赚取利润并筹得下一轮的运作资金；但如果买错了，那会使他输掉过去几年的所有积蓄。所以他继续观望着，当有用户发一些新楼盘和正在开发楼盘的链接时，他也会时不时地被吸引住。直到一条关于中国一个繁华大都市新开楼盘的广告才彻底让他动了心。他被相对低廉的价格所吸引。和周围的楼盘相比，这个楼盘不但全新且奢华，而且价格还要低于其周围类似物业至少30%。论坛上许多人欣喜若狂，并将其称为“本世纪最好的买卖”。其他人则称，只怕是供不应求——买到的人真应该庆幸自己的运气。

马文一连几天都盯着这个网站，浏览关于在建楼盘的各种文章和观点。这是他第一次迫不及待地想投资房地产。他检查了所有的事项：价格便宜，有巨大的升值潜力，而且从统计数据来看，他能在较短的时间内将它卖出并获得较丰厚的利润。绕开现行法规去购买这个物业会很麻烦，但不是不可能。他已经想到了一个在中国的亲戚，并打算以那个人的名义去购买这个房产，到时候就将赚到的钱分一部分以示感谢。

最令他兴奋的是，他的很多朋友也都在仔细查看这个楼盘。许多人都很感兴趣却购买无门。“这个限制实在是太严格了，”他们哀怨道，“要不然我一定马上预定！”马文窃喜。和他的朋友们不一样，他有门路有机会去拥有这样一处令人垂涎的房产。那他应该怎么办呢？

强烈的购买欲一直折磨着他。因为这是他第一次购买海外地产，他感到一丝不安。他从来没有到过中国，也不确定这个国家如何。但他认为这是个很多资本流入的国度，所以他也应该将他的钱投进去。如果买了这处中国的房产，他将无法住进去。但这也无所谓，因为他真正的目的是买卖房产赚快钱。这样的争论持续了几周，直到认购期即将结束。他是朋友们中唯一能够购买这处房产的人，这让他异常兴奋。这就像是拥有别人都享受不到的特权，因此如果他能这么做，为什么不呢？如果别人都想买，为何他自己不抓住这个机会呢？马文鼓起勇气，决定放手一搏将其买下。他觉得没有别的房产能像这个如此快速轻松地赚钱。

当他最终买下这个房产之时，他感觉自己站在了世界之巅。他更加频繁地看照片和上网浏览有关这笔宝贵交易的消息。他想骄傲地告诉身边的每一个人他在海外拥有一套房产，而自己正在成为房地产大亨。每个人都是从小做起的，他确信自己已经向着更宏远的目标迈出了第一步。

但是有一天，当他看新闻的时候，发现自己投资的物业被一篇文章大肆报道。他在想，是不是应该卖掉那处房产？抑或可能因为太火爆人们都要想尽办法去分一杯羹。

他已经在算计着卖掉房子能有多少利润了。不知怎么，他在网上看到了一些奇怪的报道，这些信息不甚相同。有一篇文章的标题为“某开发商的大型楼盘被控非法”，另一个报道则是“业主们打算状告开发商弥补损失”。

这些是他从没有看到过的新闻。他疯狂地寻找消息，仔细阅读每一条内容。他虽然认得那个地产的名字，脑子却记不住。令他惊讶的是，他了解到开发商在开发和销售之前并没有获得法律许可。还有就是，现在买家们因为房产没有合法资质，有可能会被政府拆除而进退两难。他无法相信这个事实。他了解到买家们是多么愤怒和无助，而他们的房子有可能被强行拆除而得不到任何补偿。

当这一切发生在他身上时，他崩溃了。他要求他的亲戚帮他保管好所有文件，并决定第二天就飞去中国处理这件事。虽然他也不知道自己即使到了那又有什么用，但是他还是想和支持者、抗议者们团结在一起。

在他到达前，房地产开发商已经逃之夭夭了。政府坚持说这是违法建筑，需要拆除。他可以亲眼看到他买的那套房子，但它已不属于他。他也不确定自己是否能得到补偿。

马文暗自伤神流泪。就这样，他所有的积蓄一瞬间全都没了。他买下的这处黄金物业变成了一出闹剧。他甚至都没有办法搬进去住，更别提将其出售了。

### 故事启示

如果你不熟悉房地产，也许从小的投资或是从REITs开始去了解这个行业将是一个不错的选择。每一位REITs的投资经理都有着丰富的经验，通常会好好利用他的知识去促进REITs的增长。耐心和正确的分析是制胜的关键因素，而急躁的心态对你没有任何帮助。

# REITs 的未来

REITs 自 20 世纪 60 年代诞生以来，不仅仅在美国，甚至在全世界均获得了发展。主要原因有两方面：

- **REITs 的需求**。投资者意识到，并且接受 REITs 作为一种可以使财产多元化的资产类别。
- **REITs 的供给**。现在许多国家都发行了自己的 REITs，包括日本、马来西亚和新加坡，监督和投资更加便利。

## 为什么投资者需要 REITs

**REITs 对个人投资者而言，是一个不错的投资选择。**

REITs 是一个获得市场认可的投资品种。它不但使投资者获得堪比标准普尔 500 指数的回报和可观的分红（在典型的市场中，REITs 将 90% 的利润都以分红的形式派发给股东），还能以适度的风险为投资者带来一些资本升值。

因为 REITs 与其他类型的资产相关性不大，它的表现也不取决于其他类资产的表现。因此，即使在经济衰退中股票市场表现糟糕，REITs 所受的负面冲击也会较小。REITs 证实了自己在市场表现不好时的稳定性，这为投资者提供了不错的分散化投资选择。

由于市场上的 REITs 数量繁多，现在有了进一步的分类标准——工业类、商业类和零售类等。每一类 REITs 资产的性质是截然不同的，所运用的管理策略也不一样。这给 REITs 投资者们提供了在不同资产类型中进行选择的方向——有些投资者更倾向于投资商业地产而非工业地产。

**REITs 对机构投资者而言，也是很好的投资选择。**

机构投资者往往受限于投资标的——有些被禁止投资于市值较低的公司，在过去这意味着大部分的 REITs 都不能投资。在 20 世纪 90 年代科技泡沫开始之前，没有一个 REITs 的市值是超过 10 亿美元的，但现在很多 REITs 都已经成长为成熟稳定的、高市值的公司。根据全美房地产投资信托协会的统计数据，市值超过 10 亿美元的 REITs 在 2005 年前已突飞猛进至 82 家。有些美国的 REITs 甚至成为标准普尔 500 指数的成份股。

机构投资者投资 REITs，除了因为其现在的高市值之外，还因为：

- REITs 的流动性增强。
- REITs 在数量上大幅增长，对于有着特定投资标准的机构投资者而言，有了更大的选择范围。

**REITs 的基金经理越做越好。**

自 20 世纪 60 年代早期以来，REITs 已伴随我们超过半个世纪，催生出一代有能力的基金经理。以前大部分的 REITs，都是由挤在办公楼里小的地产团队来管理的。和旧时相比，现在的 REITs 经理人有一个更大的信息库供他们参考——他们有途径获得大量宝贵的资讯和其他 REITs 成功与失败的经验。例如，他们能够与一些更具经验的房地产评估师进行沟通，筹集更大的并购基金和运用更加成熟的管理策略来改善他们的投资组合。REITs 拥有多样融资工具，这对于管理人筹措资金执行资产提升及收购战略是极其重要的。REITs

必须将所得的90%以分红形式分配给股东，这使得一些REITs因资金枯竭而无法运作下去。随着融资方式的增加（例如私募基金、发行票据、主权财富基金和首次公开发行），REITs可以通过不同的渠道获得资金来壮大自己。

REITs从巨大的危机中学习和成长，也变得更加精于债务管理。REITs通常需要依赖举债去支持资产组合的扩展，对于那些需要将收入的90%以红利形式派给股东的REITs而言就更是如此了。大幅举债的结果可能使REITs的价格暴跌，从而会给股东带来财富的严重损失。

严重的金融危机给了REITs经理很多教训，同时也催生出更加成熟的债务管理策略。例如，REITs开始研究策略来改善债务期限结构，REITs可以选择将债务的到期时间交错开，这样可以避免REITs将所有的钱都用于还债的情况发生。

REITs也在努力获得较高的信用评级，这在REITs债务融资的时候非常有用。高的信用评级，一定会降低债务的融资成本。REITs同样也会受到抵押资产带来的负面影响。因此，即使有可能面对罚款，REITs依然非常积极地偿还债务，从而减少所需的抵押资产。

## 为什么还有新的REITs源源不断地出现？

**房地产公司正在分拆其REITs。**

过去10年见证了越来越多REITs的诞生。不足为奇的是，许多REITs公司也都是从大的房地产公司剥离出来的。这些公司通过成立REITs来持有已开发的物业。这是一着妙棋，因为这些REITs可以通过公开上市的融资方式获得发展。挂牌成功后，它们不再受制于私募融资者。它们只需发行股票就可以为未来的项目筹得资金。

还有一个好处是，房地产公司（将REITs剥离下来的主体）可以清空它们曾经为了发展而借入的债务。清除了负债，它们又可以开始开发新的物业。第三个好处是，房地产公司可以更加专注于物业开发的核心业务，而非物业管理。这样的侧重可以使其获得规模经济效应。另外，REITs能促进公司发展——公开挂牌的REITs可以以股票期权或是股票的形式，给予表现优异者作为报酬。

**REITs在全球化的发展中还有很大的空间。**

REITs已存在于全球30多个国家。REITs全球的市值也从3 000亿美元增长到2013年9月的1万亿美元。REITs还在不停地发展壮大，并在最近被中国市场接纳。2014年5月21日，中信证券成功上市了中国第一家REIT，命名为中信启航专项资产管理计划。这次公开市场发行从数名投资机构融得资金8.35亿美元。该REIT资产组合包括两栋分别位于北京和深圳的办公楼，而它们以前都是中信证券旗下资产。

这次的成功挂牌受到投资者们的热烈欢迎，其发行份额不到一天就被认购一空。有了成功挂牌中国第一只REIT的先例，中信证券计划为国有企业发行更多的REITs。中国的闸门可能就此被打开，更多的REITs有机会在中国挂牌上市。这个新的发展预示着REITs更加美好的未来。全球的投资者开始慢慢接受REITs的概念，认同它是一种理想的资产。更重要的是，中国是全球发展最快的经济体。

REITs不但是在中国发展迅速，在其他国家也毫不逊色。在爱尔兰，政府正在为设立有爱尔兰特色的REITs铺路。这么做是为了吸引更多的投资基金参与到房地产市场中去。在印度，印度证券交易委员会也已经拟定了一套监督设立REITs的法规，而这份法规拟定稿也在征集反馈意见的阶段。

## 结论

如果没有人设立REITs，投资者则必须将投资分散到其他的资产中；另一方面，如果没有人需要REITs，新发行的REITs也找不到融资的渠道。考虑到REITs还没有被像印度这样的新兴经济体所引入，我们还远远没有挖掘到RE-

ITs 发展的潜力。

世界人口与日俱增，而土地却是亘古不变的。房地产市场在未来仍会有一席之地，特别是仍会支持不断发展的人口对土地的需求。

因此，REITs 将会长期存在是显而易见的，它可以也必定是你投资的一个重要选择。

# 致谢[①]

ACKNOWLEDGE

写书不是一件容易的事情，我们非常感谢帮助本书完成出版的学生助理们：

Mian Chen（华东政法大学，华东师范大学），研究和整理了中国香港REITs数据，提供了香港REITs市场前景展望的研究材料。

Liyuan Zhong（华东政法大学，同济大学），研究和整理了美国REITs数据，提供了美国REIT市场前景展望的研究材料。

Zijian Fang（华东政法大学），提供了用于出版和教学的相关视频和图片。

Yunyi Lu（华东政法大学），为抵押型REITs的说明配图，为REITs结构说明配图，并且编制了马来西亚零售类REITs市场资本化率的图表。此外，在泓富REIT的背景信息以及外国人如何购买中国物业的详细步骤说明提供了帮助。

Yixin Ma（上海交通大学），核实了中国和马来西亚市场REITs的数据，编制了资产负债表样表并提供了其中科目的基础定义，从中国指数研究院搜集数据并编制了表现中国2010~2014年间的物业价格上涨趋势的图表。

Kevin Pan（华东政法大学），从中国统计局搜集数据并编制了1995~2010年间物业价格增长的图表，编制了REITs如何给投资者创造回报的图表，研究了置富REIT的未来战略。


① 为避免人名翻译有误，致谢均保留原文人名。——编者注

Wang Xu（华东政法大学），研究了华联商业 REIT 的未来战略，帮助编制了解释 REITs 结构的图表和说明 REITs 投资类型的图表。

Jeff Liji Zhou（华东政法大学），研究了中国 REITs 过往法律层面发展的数据，帮助编制了比较类 REITs 和美国 REITs 的图表，编制了解释类 REITs 结构的图表。

Enjia Zhu（上海交通大学，约翰霍普金斯大学凯瑞商学院），研究和撰写了普洛斯 REIT 的战略部分内容，帮助搜集了在中国如何购买物业以及中信 2014 年 5 月发行私募 REIT 的数据。她还帮助制作了关于梁凯文教授和本书的介绍视频。

# 译者后记

AFTERWORD

本书是一本以个人投资者为视角投资全球房地产投资信托基金（REITs）的指南书。在介绍 REITs 产品属性的同时，也介绍了全球主要国家的 REITs 市场情况。难能可贵的是其对中国市场发展也保持了关注。

本书行文平易，语言活泼。除了对 REITs 的结构、法律、财务、监管和市场进行基本介绍外，作者善于用生活中的投资案例来讲解 REITs 投资过程中可能会遇到的问题及其解决路径。通读全书，作者将 REITs 的实质是什么、REITs 如何投资娓娓道来，读者并不会被林林总总的概念所困扰。

目前国内关于 REITs 的著作不多，尤其缺少从投资人角度出发的著作。对 REITs 的关注主要是国内的金融机构、地产公司等专业机构，少有个人投资人介入。但近些年来其实也不乏地产行业的专业投资人已经注意到 REITs 投资的优势，开始境外 REITs 的投资。另一方面，REITs 本质即为汇集多数投资者的资金，由专门投资机构进行房地产投资经营管理，将投资收益按比例分配给投资者的一种信托基金，因此，中小个人投资者本身就是 REITs 投资的重要群体。译者翻译此书希望能够帮助读者培养正确的 REITs 投资理念，成为个人投资者进行 REITs 投资的入门参考。

本书由徐盛翻译第一章到第三章，由霍伟东翻译第四章到第六章，由魏玮翻译第七章，由罗桂连翻译第八章到第十章，由卢荣翻译第十一章到第十二章，由林华、彭超最终统稿。感谢各位老师以其专业素养结合工作实践，对原文的认真推敲，以及对翻译稿的精雕细琢，力求为业界和读者呈现一部通俗又不失专业的REITs投资手册，为推动中国REITs落地而做出的贡献。

对于原著中作者出现的不准确之处，译者进行了标注和更正，供读者参考。时间仓促，错误难免，敬请读者批评指正。

林华

# 译者简介

**彭超**，北京大学经济学硕士，现任中信金石基金管理有限公司总监。2010年加入中信证券，先后在投资银行部房地产金融业务线担任高级经理、副总裁，2013年加入中信金石基金。主要从事REITs、地产基金及私募融资业务。

**罗桂连**，清华大学管理学博士，伦敦政治经济学院访问学者。现任陕西金融控股集团有限公司总经理助理（挂职）。2000年以来，一直在基础设施项目融资及资产证券化领域从事实务、研究与政策制定工作。近年在保监会资金部工作，牵头制定资产支持计划监管政策，研究制定保险资金信用风险监管规则。

**霍伟东**，西南财经大学经济学博士，教授，博士生导师，教育部教指委委员，四川省学术技术带头人。现任西南财经大学经济信息工程学院院长。曾任西南财经大学国际商学院副院长，曾在证券公司从事过研究、投资银行和管理工作，曾任HPI China（NGO）中国本地企业发展顾问等。在《人民日报》、《改革》、《经济学家》等发表论文数十篇，出版《人民币区研究》等专著。研究领域：自由贸易区战略与人民币区、国际投融资等。

**卢荣**，长江商学院金融MBA，现任广州越秀产业投资基金管理股份有限公司创始合伙人、副总裁。江西省青联委员、长江商学院广东校友会副会长、长江商学院江西校友会副会长、中国地产基金百人会创始理事。拥有12年产业基金及资本市场从业经验，具有敏锐的产业投资眼光和深厚的人脉资源，对商业地产、房地产信托基金有较深刻的理解，主导发起设立及管理国内首只国有母基金——广州国资产业基金；累计主导投资项目金额超过200亿元。

**徐盛**，北京大学金融数学与精算学硕士，现就职于摩根士丹利华鑫证券全球资本市场部。曾为多家大型国有银行、政策性银行、金融租赁公司、汽车金融公司、著名电商集团、大型地产集团、著名汽车租赁公司等提供证券化产品咨询及设计服务，负责或参与银行间/交易所市场证券化产品的发行与销售工作。曾作为证券公司代表，参与银行间市场信贷资产支持证券注册制度、信息披露规则的研究和制定工作。

**魏玮**，英国圣安德鲁斯大学金融学硕士。2008年起就职于兴业银行股份有限公司，现任兴业银行董事会办公室信息披露处副处长。在银行公司治理、资本管理、信息披露、环境金融和资产证券化等领域有较深的研究，在《当代金融家》、《董事会》、《福建金融》等刊物上发表论文和专题调研报告十余篇。